RECLAIMED

For Sarah

RECLAIMED | PAUL HART

DEWI LEWIS PUBLISHING

DENATURED LANDSCAPE | ISABELLE BONNET

Landscape: 'that which the gaze embraces'.[1] While a landscape is always a place, a place is not systematically a landscape. It only turns into one when a gaze rests and lingers on it, a gaze that designates, appreciates, valorises and magnifies it. The gaze of a tourist, a photographer or a painter who studies it, contemplates it, immortalises it and, in the end, transforms it into a spectacle. Often a stranger's gaze – because for those who work there, any place, no matter how enchanting, is merely the space of a practice. They cultivate it, preserve it or enliven it without seeing it as a landscape. The sociologist Raymond Williams thus affirms that 'a working country is hardly ever a landscape'.[2] For the concept of landscape to emerge, it takes 'a self-conscious observer: the man who is not only looking at land but who is conscious that he is doing so, as an experience in itself'.[3]

Landscape is not a given: it has not always existed, and its appearance is closely linked to the modernity of the Quattrocento. The Middle Ages had until then celebrated the primacy of touch and hearing over sight, and limited the landscape to a few schematically drawn trees or rocks, whose function was to serve as a background to biblical figures. By upsetting the hierarchy of senses in favour of vision and inventing perspective, the Quattrocento imposed a new representation of space. Gradually, the shapes, volumes and colours of this simplified decor became more explicit, and while there remained a certain degree of stylisation, a greater sense of realism made itself felt. It was at the beginning of the sixteenth century, in *Landscape with a Footbridge*[4] by the painter and engraver Albrecht Altdorfer, that the landscape suddenly appeared as having rid itself of all human presence to become the main subject of the painting. It owed this newly found status to the profound changes that occurred in the sixteenth century: the Copernican revolution, which put the sun at the centre of the universe, and was accompanied by a movement of secularisation marked by an anthropocentric surge: man, endowed with reason, progressively positioned himself at the centre of a world that he expanded by discovering new continents and tamed by mapping it. The landscape was both mastered and tested. A century later, it would definitively establish itself as an autonomous genre in the most prosperous regions of Europe: Flanders, Germany and northern Italy. But this landscape, which became visible in painting, would still remain invisible in language for a long time. Indeed, it was not until the end of the sixteenth century that the word 'landscape', originally derived from the Dutch *landschap*, entered the English language. But rather than its primary meaning of 'region' or 'parcel of land', the latter only retained its more recent pictorial definition, of 'a picture depicting an expanse of scenery',[5] and it was only by the mid-seventeenth century that it referred to the expanse of scenery itself – a singular chronology that illustrates the fundamental connection between the landscape and the gaze.

The emergence of photography coincided, in Great Britain, with an infatuation with the national landscape that had originated in the previous century. The eighteenth century saw the flourishing of a typically English aristocratic art of landscaped gardens and a pictorial renewal initiated by J. M. W. Turner and John Constable. With them, English painting freed itself from the classicist references of Lorrain's or Poussin's landscapes. Now painters and aquarellists drew their inspiration from the British landscape, which was considered 'worthy of painting' – in other words, 'picturesque'. A rural rather than agrestic landscape, a countryside landscape, its nascent concept constructed in opposition to the nineteenth-century industrial city. As historian David Haigron explains, 'living conditions in the mushrooming towns and cities were harsh because of the pollution, filth, crime and class segregation. It is therefore understandable that the national narrative chose to extol the virtues of a timeless and changeless countryside seen as the genuine embodiment of England/Britain'.[6] The ensuing "rural idyll" magnified pastoral life, praising its simplicity and supposed moral values, its timelessness and permanence, and portraying it as an apolitical sanctuary, a refuge harbouring the soul of the country and the quintessence of British identity. The more the population became urbanised, the more the countryside found itself invested with imaginary virtues. Created and maintained by poetry, literature, painting and photography, this image of a rural Eden is still circulated today by modern media such as television. According to the historian of geography Brian Short, 'the positive perception of the countryside is so strong that current views continue to elide this symbolic construct with what is essentially a *gemeinschaft* ideal, and with pastoralism and the aesthetic gaze, and thereby to elevate the rural idyll to a disproportionate and distorting status within British culture'.[7]

Because it enabled the creation and large-scale dissemination of this vision of the territory, photography promoted its ideological exploitation. Its reproducibility generated collective representations, consolidating a shared memory, a national narrative and an imaginary identity. The photographs of the American West, taken at the end of the nineteenth century, are exemplary from this point of view: the myth of a virgin, uninhabited and wild land they helped to build, and on which American identity was founded, justified conquest and colonisation. In the same period, but in a different context, French photography accompanied and fostered the awakening and rise of patrimonial awareness throughout the nineteenth century. Supported by public commissions and private initiatives, photographers produced a visual inventory of historic monuments. Beyond kindling a sense of national pride, this photographic register participated in the 'rhetoric of power, wealth and legitimacy' of the French state.[8] While the French magnified 'the living triumphs or the decaying monuments of man's genius and pride',[9] as Roger Fenton put it, British photography in turn showed 'the peaceful village; the unassuming church, among its tombstones and trees; [...] the quiet stream with its water-lilies and rustic bridge; [...] or the still lake, so still that you must drop a stone into its surface before you can tell which is the real village on the margin and which the reflection'.[10] Fenton, but also Brecknell Turner, Bedford and the pictorialist Peach Robinson, to name but the best known photographers of the Victorian era, adopted a pictorial conception of the landscape, nostalgic for a bygone golden age and emptied of any utilitarian connotation and social substance: the "rural idyll" was to dominate British landscape photography for many years to come. Only by the second half of the twentieth century did a new vision emerge – that of Fay Godwin, for example, which drew on the tradition of the sublime and offered solitary, timeless landscapes infused with romanticism. But it was the landscapes of Raymond Moore and John Davies that definitively marked a break with the tradition inherited from the nineteenth century, each in their own way: dark and topographical in Moore, social and historical in Davies.

Paul Hart's photography partakes in this new vision of the English landscape. His images incorporate the social, historical and political dimensions of the rural landscape – dimensions long ignored in one of the world's most industrialised and urbanised countries. They materialise the dialectic of nature and culture, of the individual and the collective, of the real and the symbolic. A dialectic the photographer wholeheartedly embraces, as evidenced by his choice of a historically and politically emblematic subject: the Fens, these literally "denatured" marshlands converted into fertile and profitable fields over the centuries. According to historian Eric Ash, 'the drainage projects were always a political issue [...] redeeming the Fens would require not only draining the land, but also civilising the fenlanders in order to bring both into better alignment with the orderly government and market economy [...] The land and people of the Fens were indeed transformed in the end, but the transformation had unintended ecological consequences that created at least as many problems as were solved'.[11] Therefore, to photograph the Fens meant to exhibit a controlled nature, ordered and reasoned to excess, a landscape created from scratch in the manner of a garden, with the major difference that here, man's appropriation of nature by means of work and technique is pervasively apparent.

Hart's landscapes create a dialogue between art and document, lyricism and storytelling, the sublime and the ordinary. Almost everywhere, rectilinear and regular shapes unfold, impeccably drawn furrows responding to rows of trees, industrial constructions and metal structures. Vertical, horizontal and diagonal lines multiply across the pages, occasionally disrupted by an incongruous curve. They remind us that man's ambitions for the domination and exploitation of nature and all things living have been fulfilled, as once dreamed of by Descartes, who wished to 'render ourselves [...] the lords and possessors of nature'.[12] These divided, squared and geometrical landscapes look as though caught in a cage – hence the impression of immobility or near-paralysis they convey. No movement animates this *nature morte*, no bird awakens these low and heavy skies and endless horizons.

This frozen and silent, almost unreal atmosphere is further reinforced by the monochrome palette. Encompassing a thousand shades of grey, from the darkest to the most iridescent, its manifold melancholy nuances reflect Hart's disenchanted vision. Characterised by a partly crystalline, partly spectral clarity, these images of tragic beauty invite meditation – albeit a very different kind of meditation from that which befell the Romantics in front of untamed and grandiose natural landscapes. We are not looking at Edmund Burke's notion of the sublime and his 'delightful horror'.[13] There is a feeling of danger in Hart's landscapes, but it does not trigger 'the sort of mixt passion of terror and surprize' invoked by Burke.[14] Here, there is no rapture or violent emotion, but rather an impression of uncanniness that insidiously caresses and envelops us. No aesthetic of shock, but rather an aesthetic of disaster in the making or already accomplished: the emptiness, absence and loss that infuse and implicitly connect all of Hart's photographs reflect the contemporary eschatological imagination. Rural or urban, deserted and depopulated spaces serve as a pivotal scenery around which revolves the visual language of current post-apocalyptic narratives. After becoming a recurrent and emblematic motif of these types of stories, its function, according to historian Dora Appel, is to illustrate 'the fear of a dystopian futurity' and encourage us 'to ask whether the empire of capital represents lasting progress or the road to decline'.[15] Choosing as a theme lands disfigured by brazen productivism, translating them into landscapes of crepuscular beauty in order to underline their tragic arrangement and stark austerity, as Hart does, raises similar critical and political questions.

Unlike the sort of landscape photography that long incarnated the collective and historical body of the nation, Hart's images take on a universal value: the battered and exhausted Fens resonate like a subtle metaphor for what humanity engenders and inflicts on itself. The delicate blackness of his images shatters the serene belief in a world in progress, the legacy of a century of Enlightenment which, caught up in its optimistic dynamics, forgot the fatal implications of greed. These are landscapes whose pathetic and ill-fated powerfulness fascinates us, like a mirror of our alienation, a perfect illustration of what the philosopher Slavoj Žižek intimated at the turn of the millennium: 'The paradox is that it is much easier to imagine the end of life on earth than a much more modest change in capitalism.'[16]

translated by Patrick Kremer

1 Paul Vidal de La Blache, cited in Gilles Sautter, 'Le paysage comme connivence', *Hérodote: stratégies, géographies, idéologies*, n° 16 (October–December 1979): 42.2.
2 Raymond Williams, *The Country and The City* (Oxford: Oxford University Press, 1973),120.
3 Ibid.
4 Painted ca. 1518–20, National Gallery, London.
5 *American Heritage Dictionary*.
6 David Haigron, 'Introduction', in *The English Countryside. Representations, Identities, Mutations*, ed. Haigron (Basingstoke: Palgrave Macmillan, 2017), 12.
7 Brian Short, 'Idyllic Ruralities', in *Handbook of Rural Studies*, ed. Paul Cloke, Terry Marsden and Patrick Mooney (London: Sage Publications, 2006), 144.
8 Nathalie Casemajor Loustau and Michèle Gellereau, 'Dispositifs de transmission et valorisation du patrimoine: l'exemple de la photographie comme médiation et objet demediation', Proceedings of the international colloquium on information and communication sciences 'Interagir et transmettre, informer et communiquer: quelles valeurs, quelle valorisation?', Tunisia, 2008, 3–11.
9 Roger Fenton, 'On the Present Position and Future Prospects of the Art of Photography', excerpt from a paper read during the Fifth Ordinary Meeting of the Society of Arts on 22 December 1852, *Journal of the Society of Arts* 1, no. 5 (December 1852): 51.
10 Ibid.
11 Eric H. Ash, *The Draining of the Fens: Projectors, Popular Politics, and State Building in Early Modern England* (Baltimore: Johns Hopkins University Press, 2017), 309–10.
12 René Descartes, *Discourse on the Method of Rightly Conducting the Reason and Seeking the Truth in the Sciences* [1637], Part VI, in *The Harvard Classics*, ed. Charles W. Eliot, vol. 34 (New York: P. F. Collier and Son, 1910), 50.
13 Edmund Burke, *A Philosophical Enquiry into the Origin of Our Ideas of the Sublime and Beautiful*, 8th edition, (London: J. Dodsley, 1776), 129.
14 Burke, *A Philosophical Enquiry*, 50.
15 Dora Apel, *Beautiful Terrible Ruins: Detroit and the Anxiety of Decline* (New Brunswick: Rutgers University Press, 2015), 152.
16 Cited in Adrien Donneaud, 'Rêves d'apocalypse : place et fonction des récits eschatologiques dans le cinéma contemporain', Études sur la mort, vol. 139, no. 1, 2011.

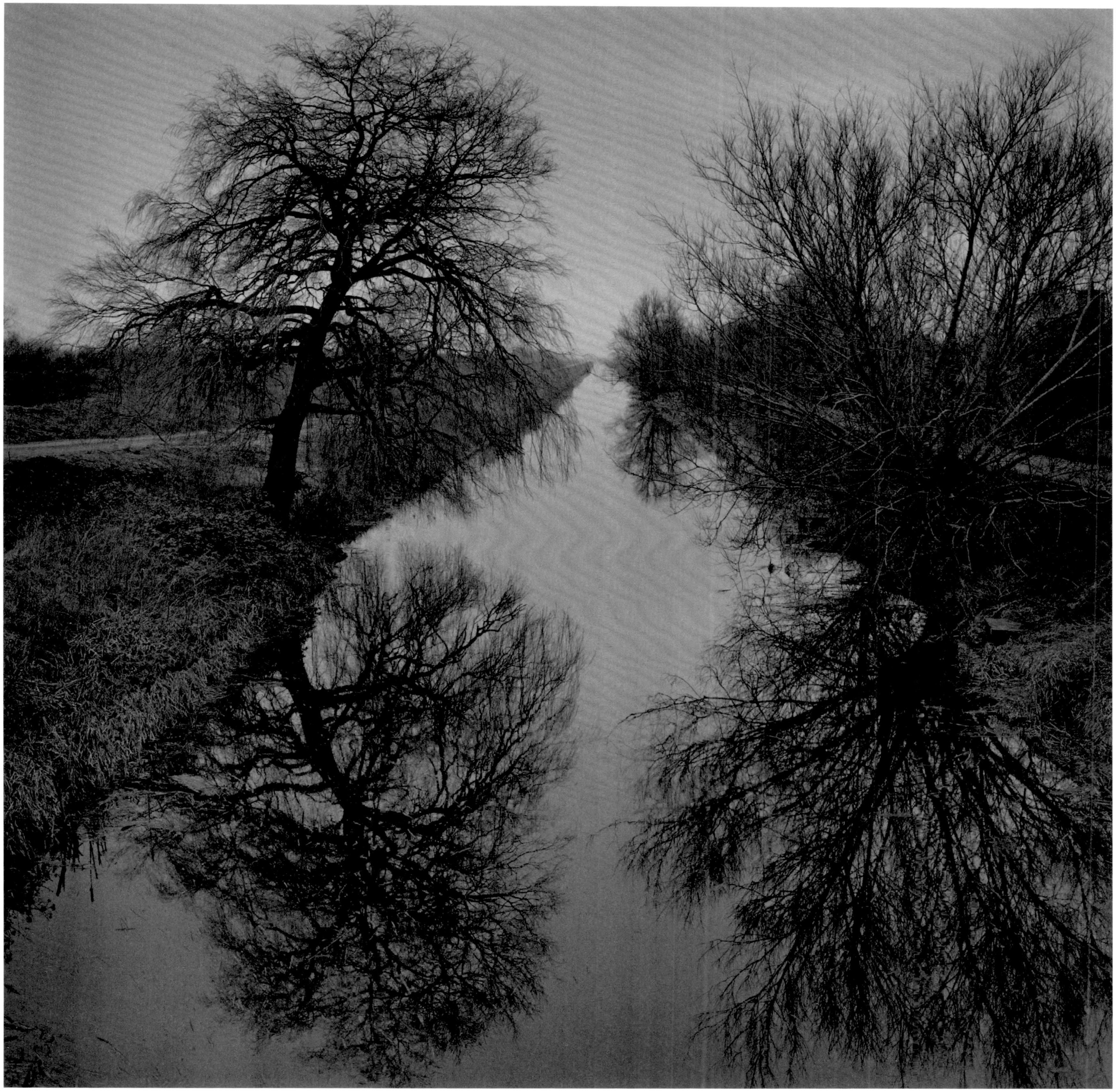

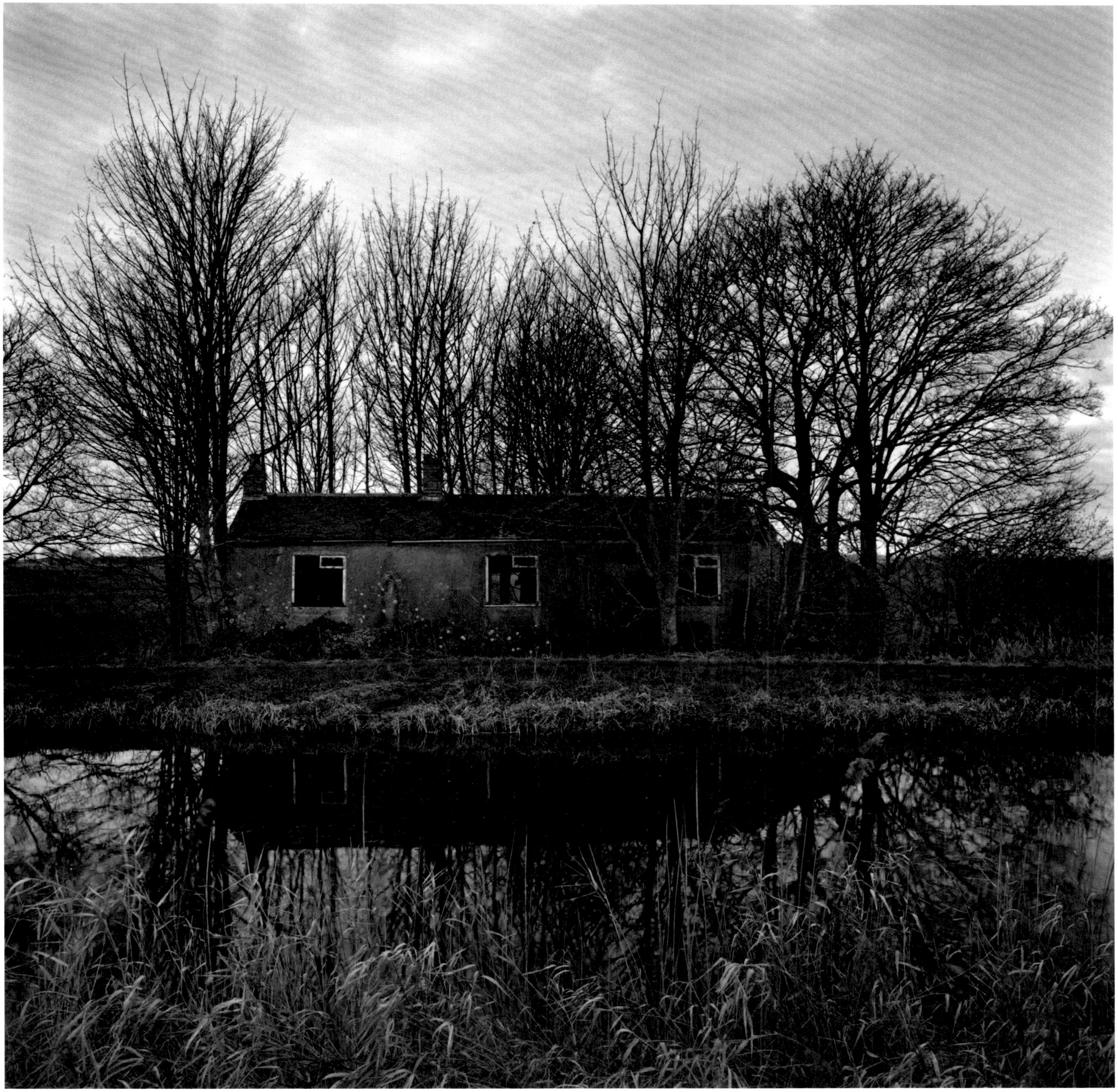

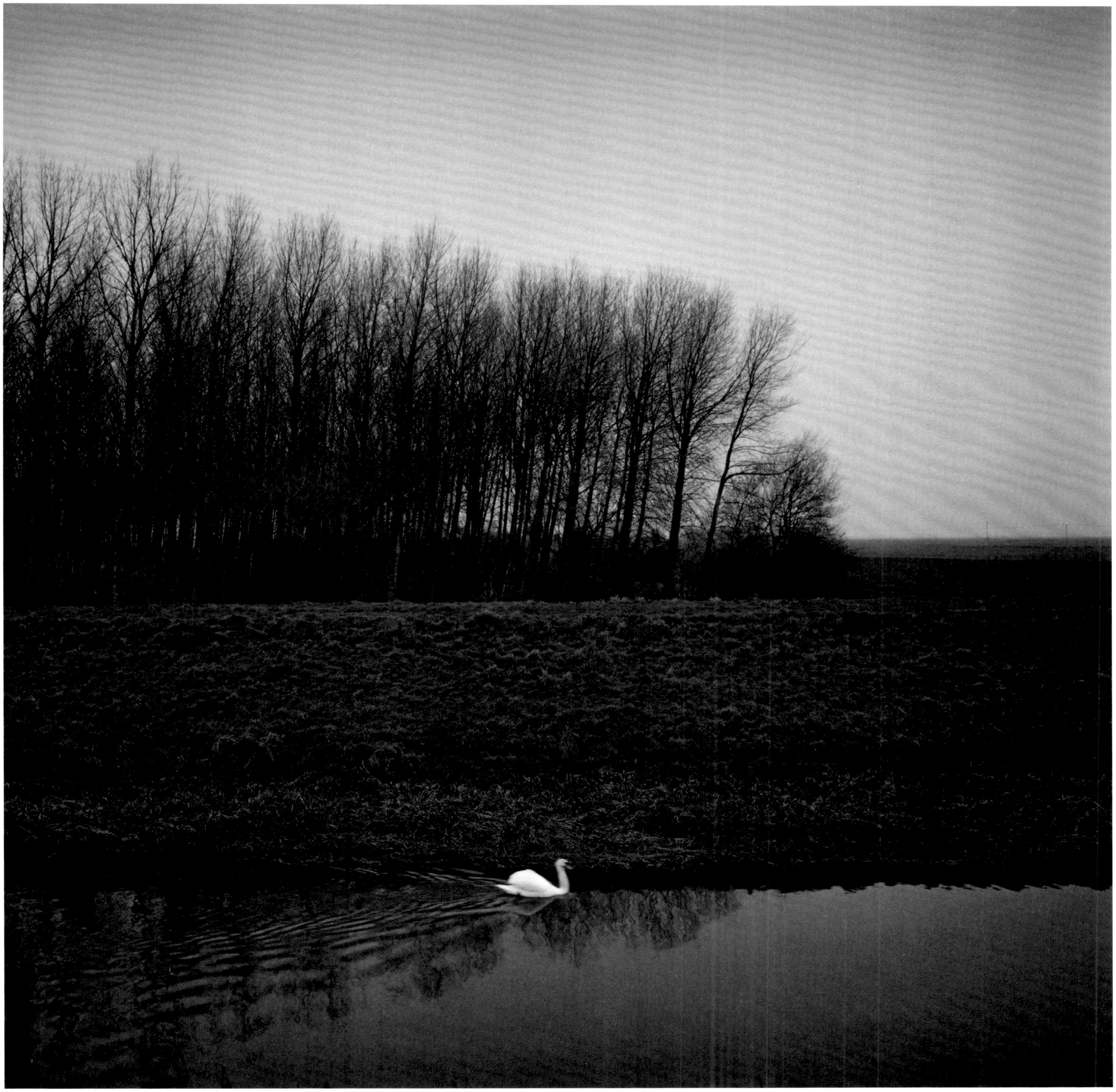

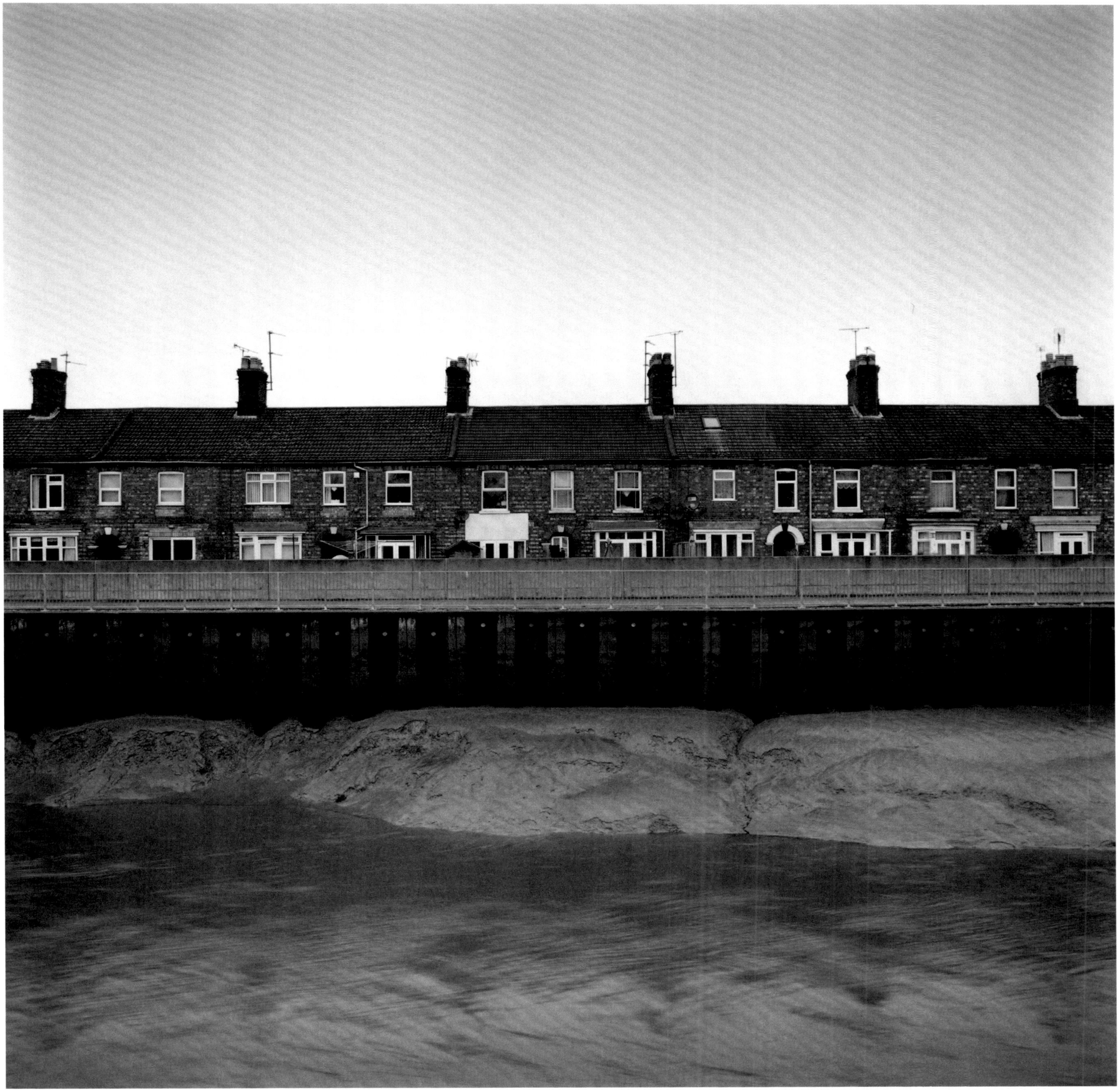

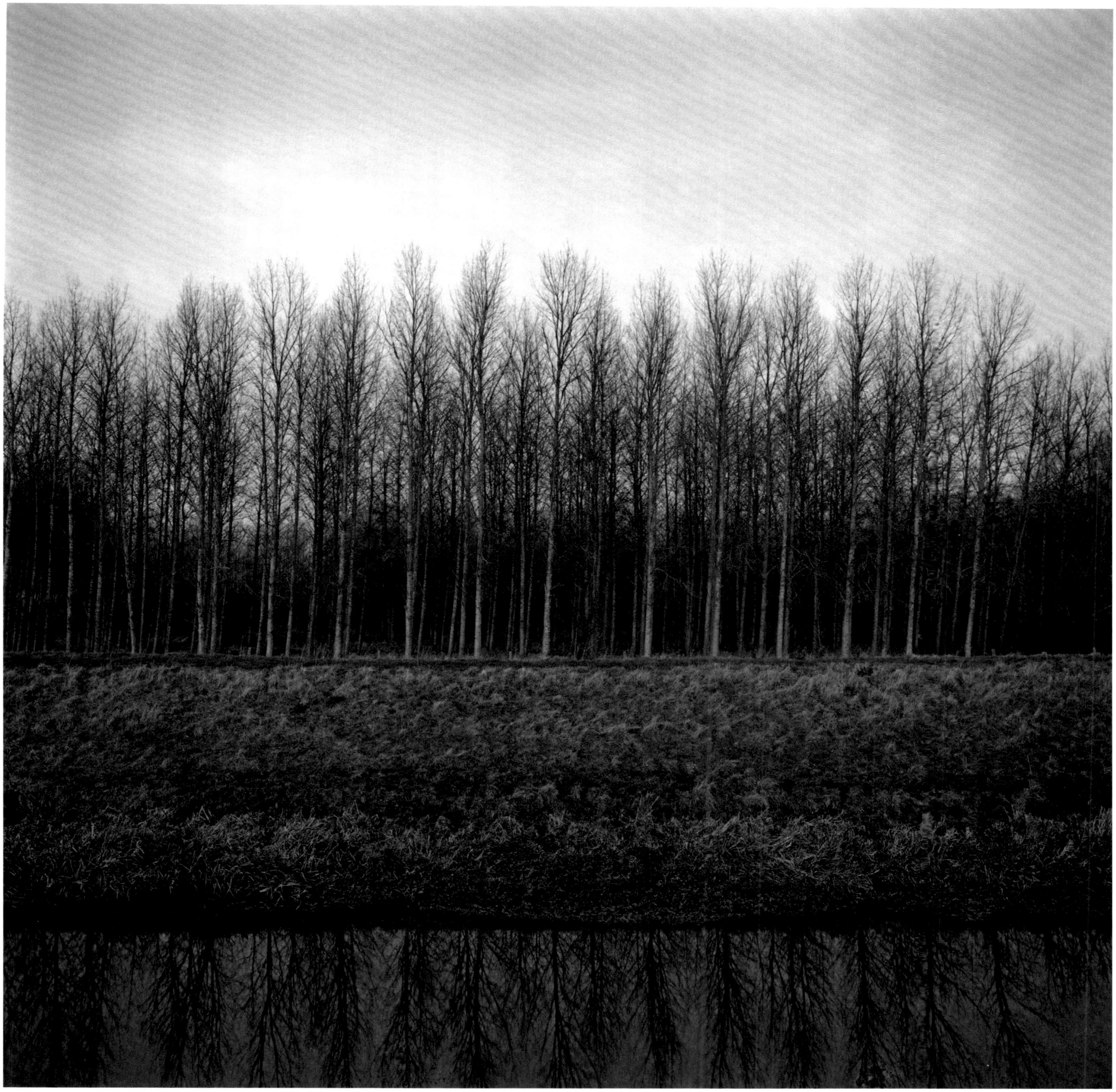

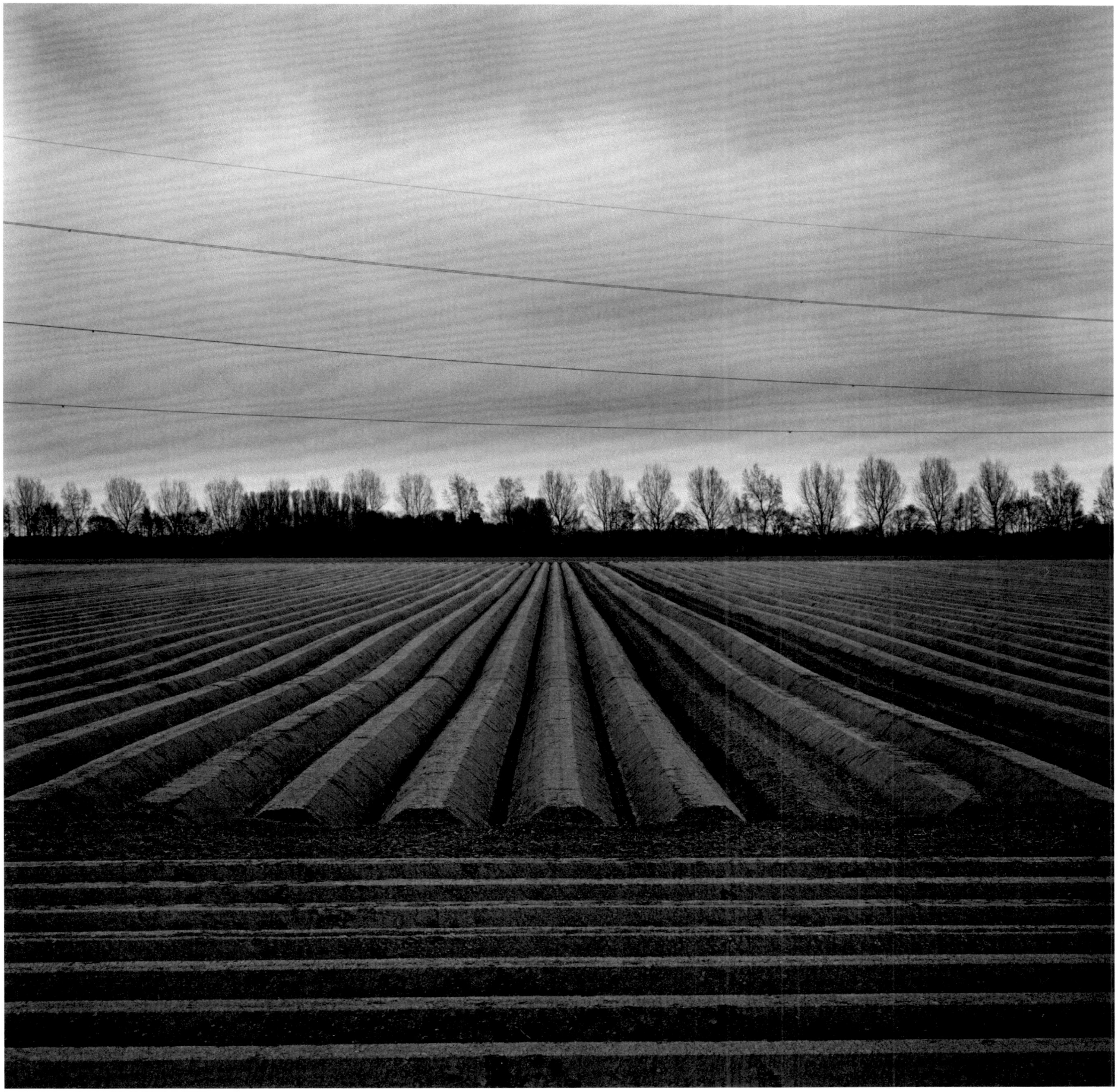

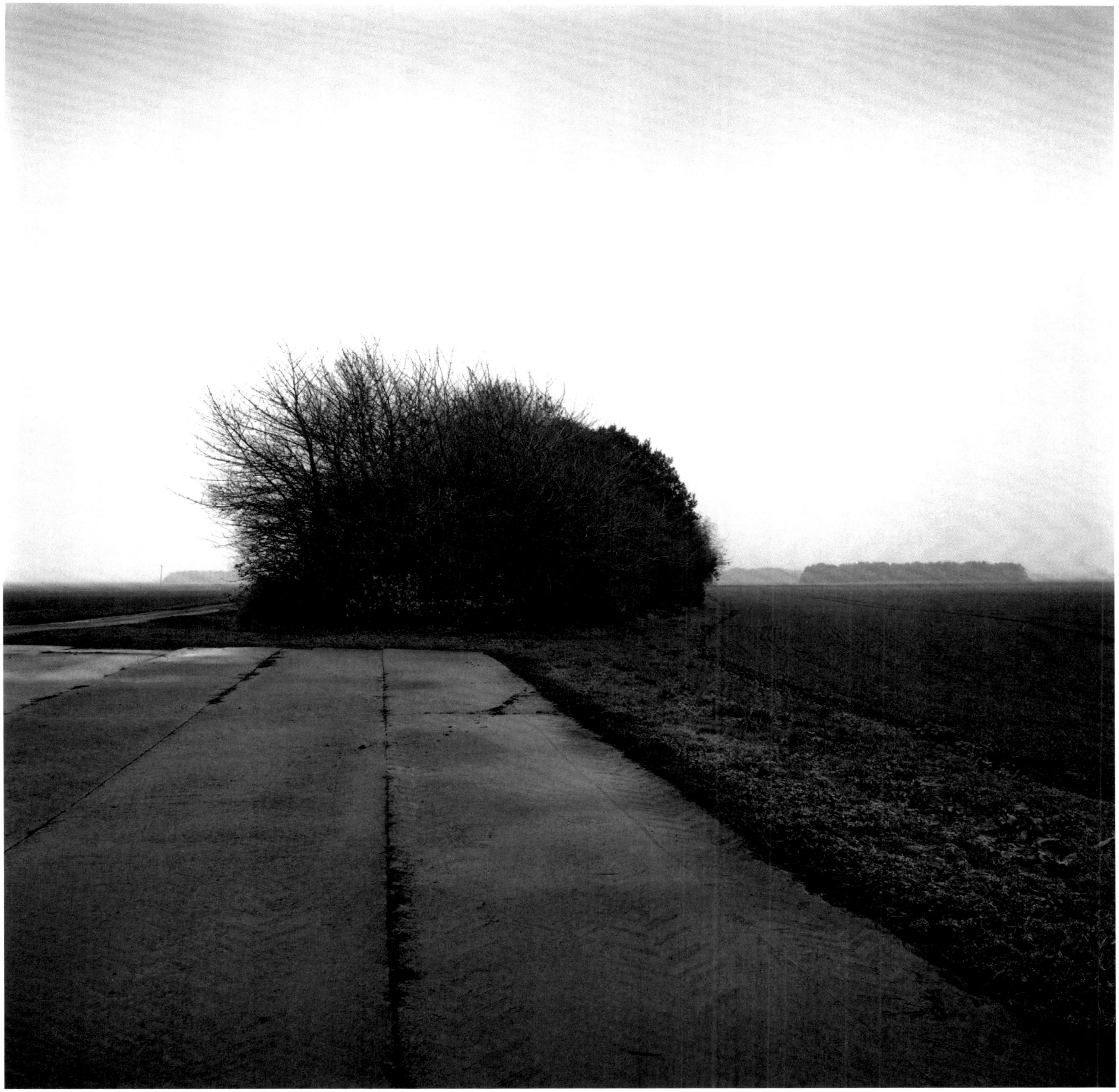

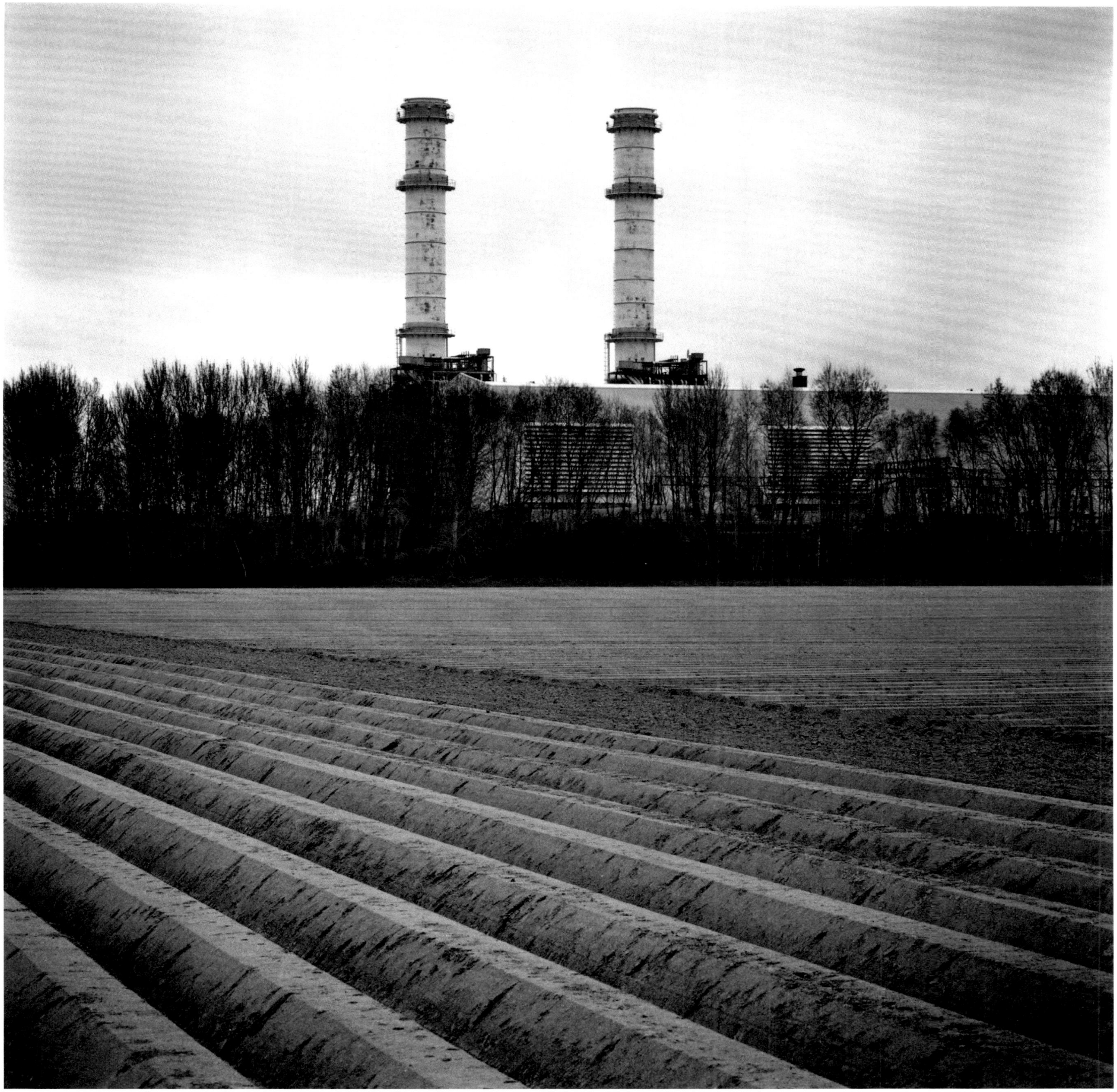

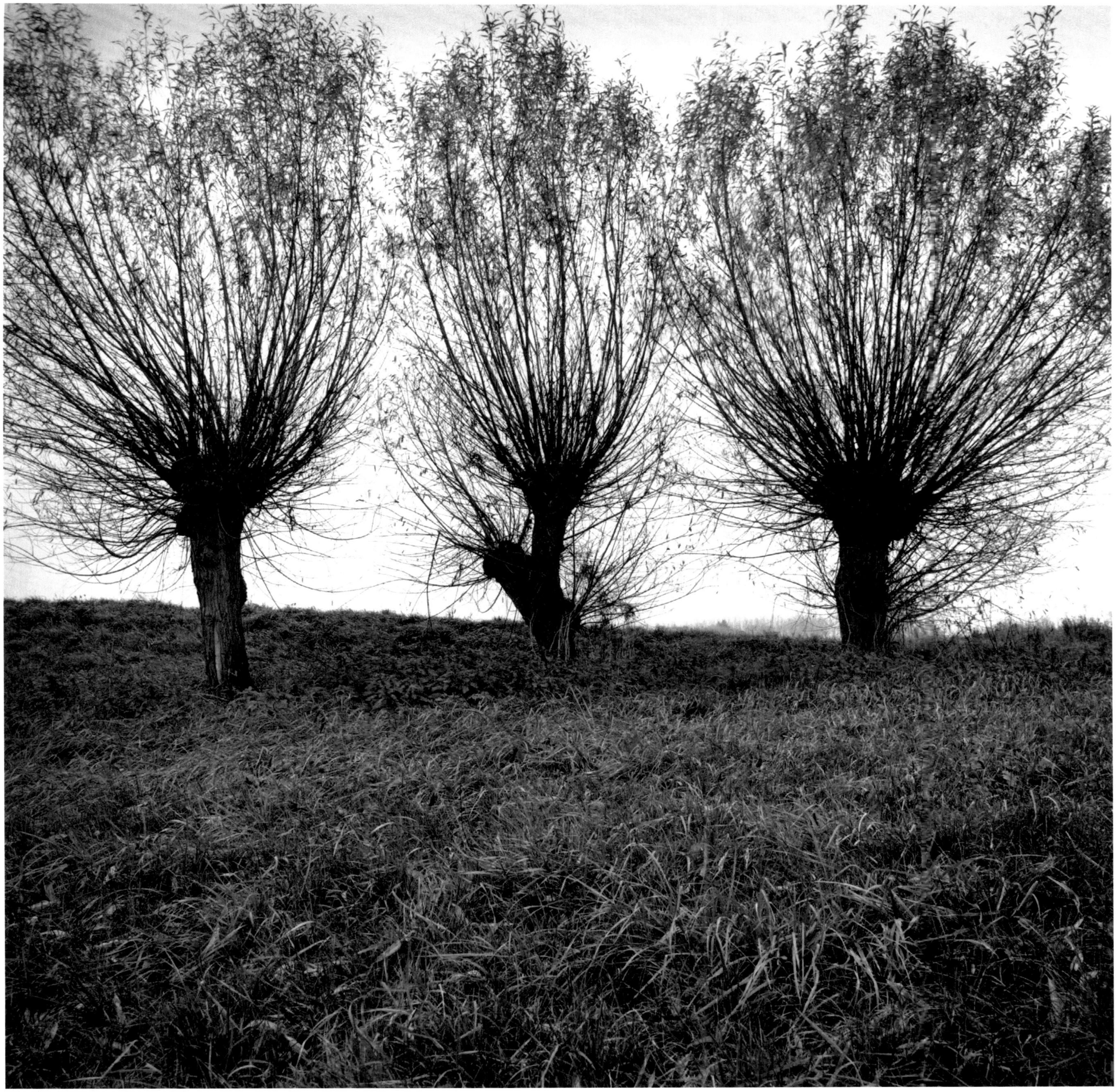

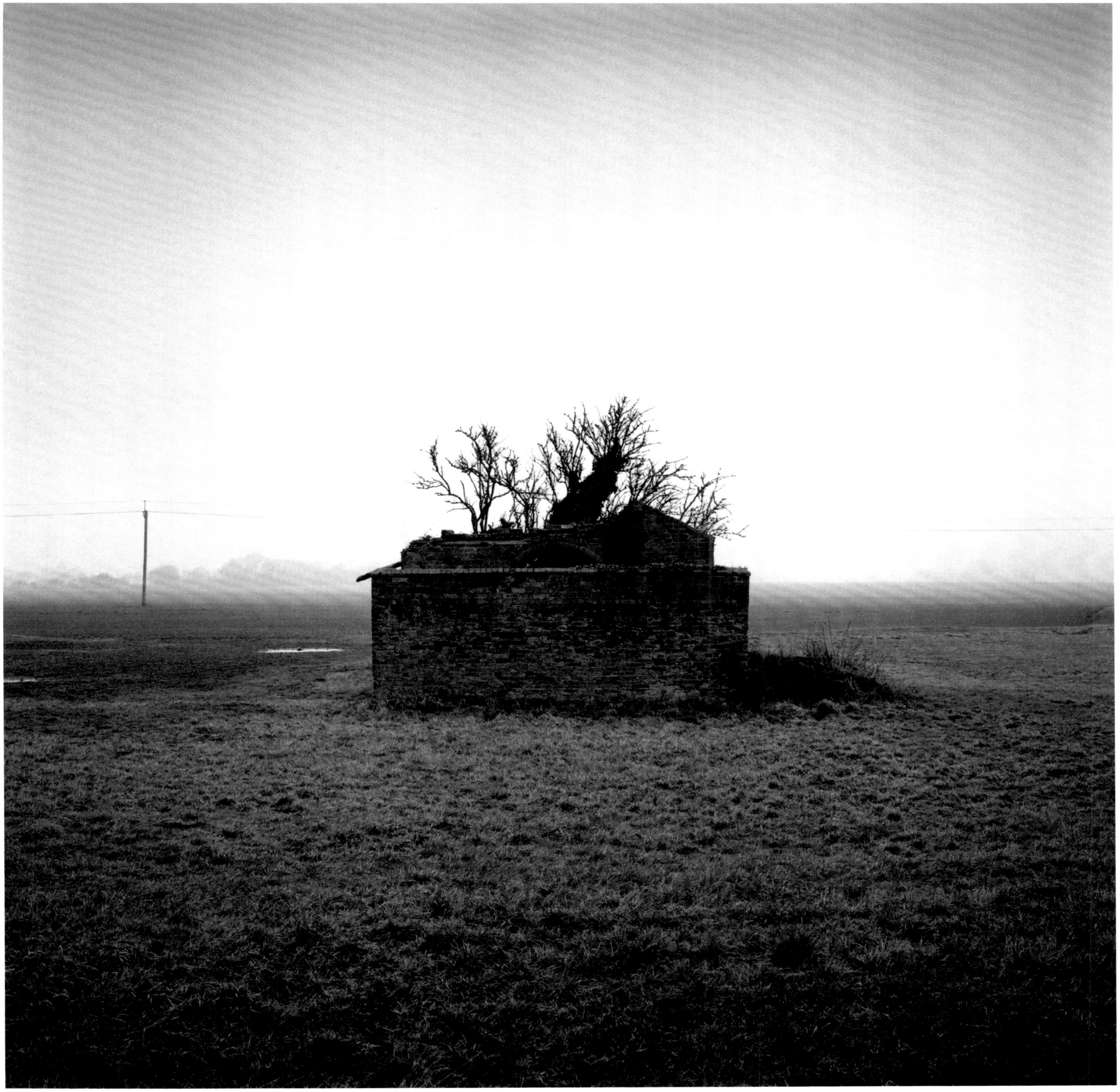

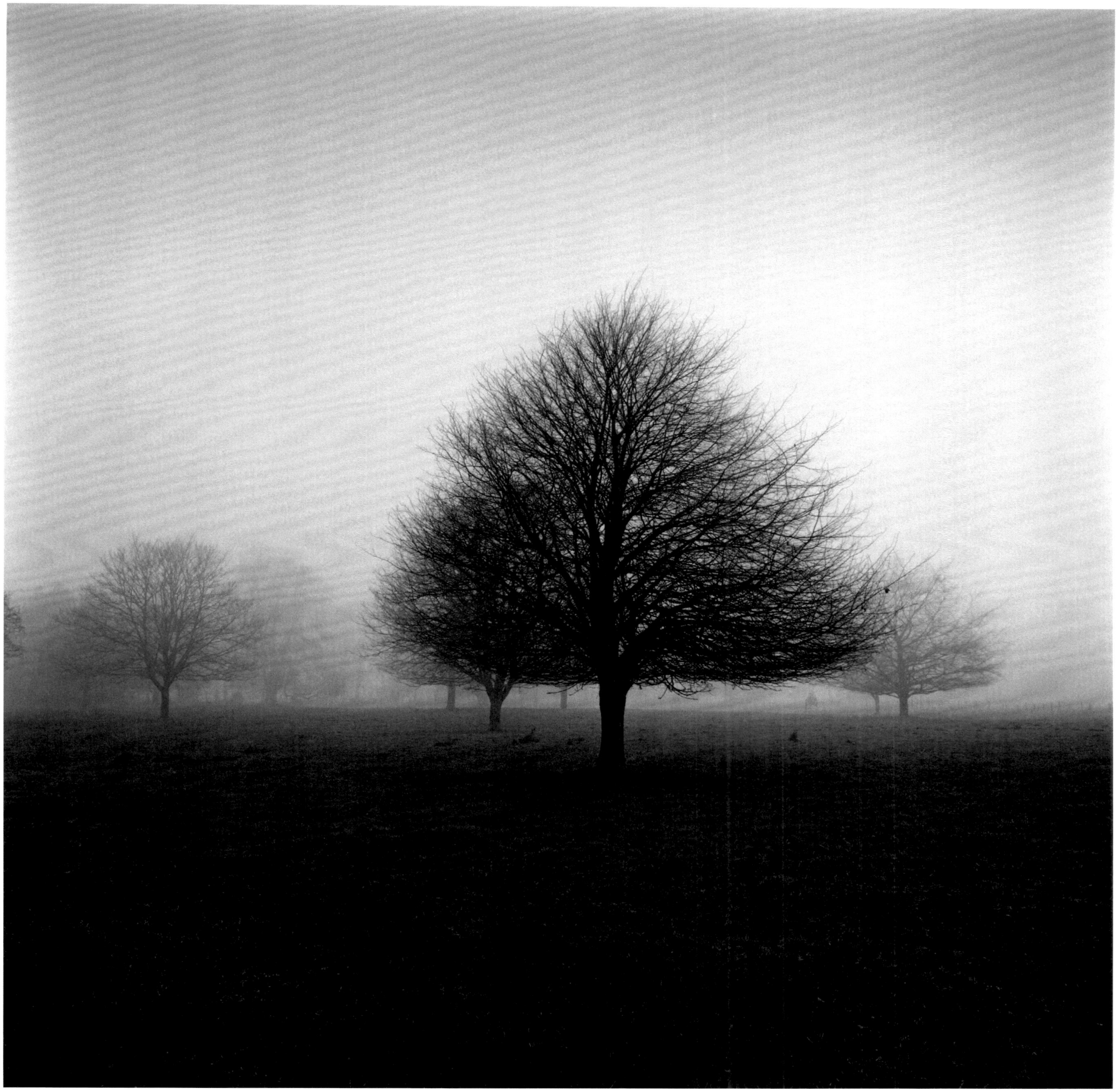

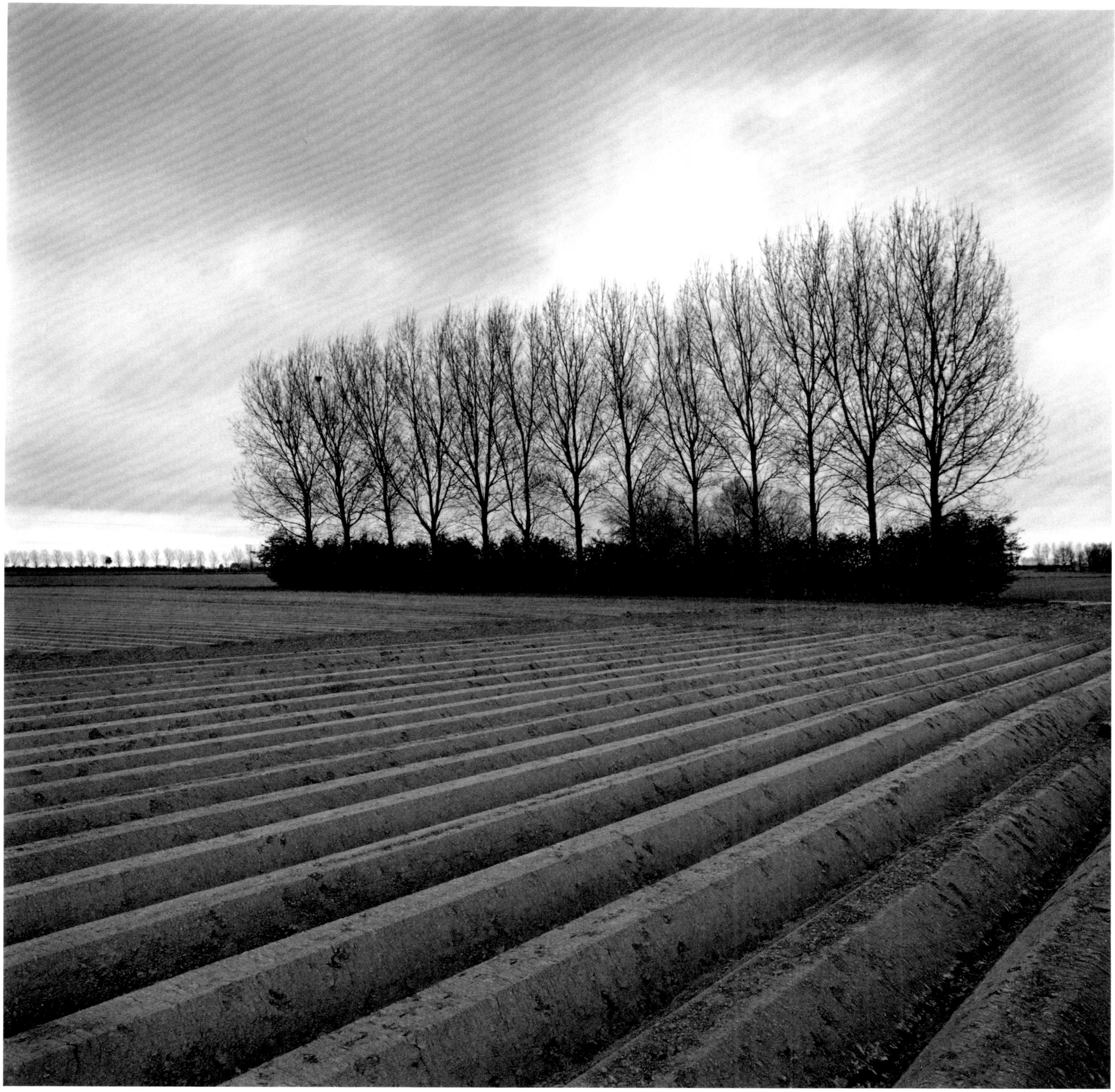

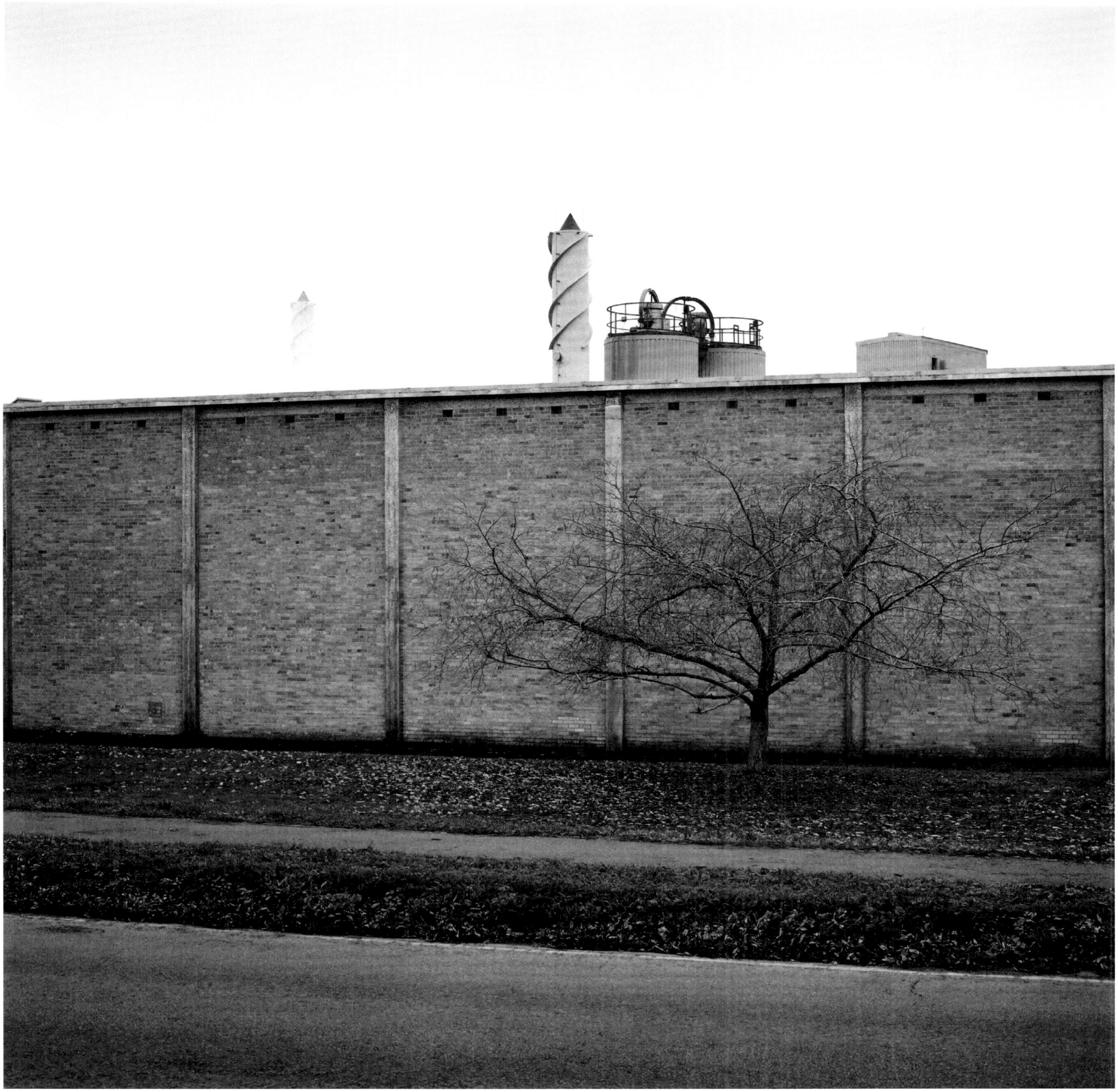

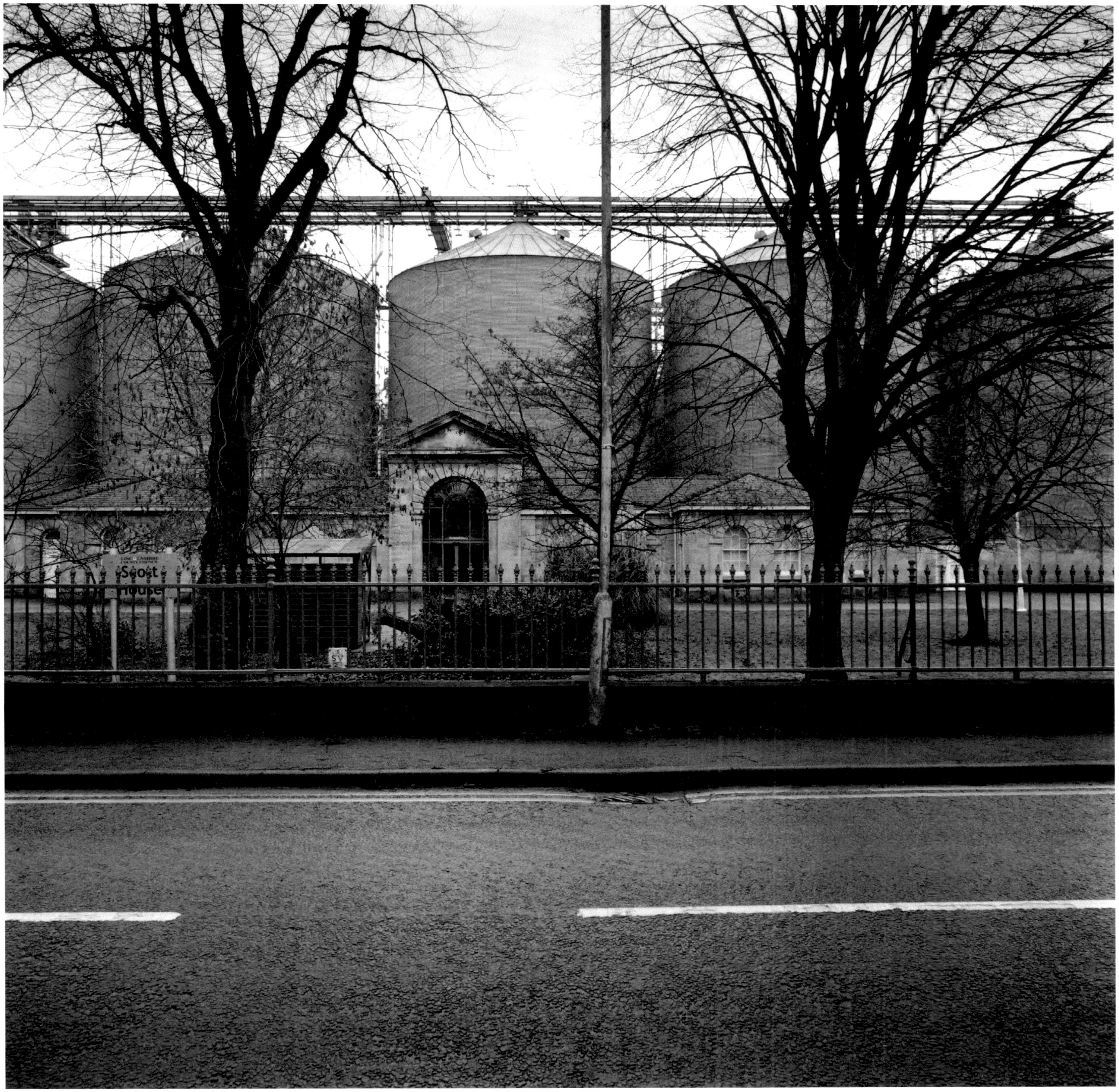

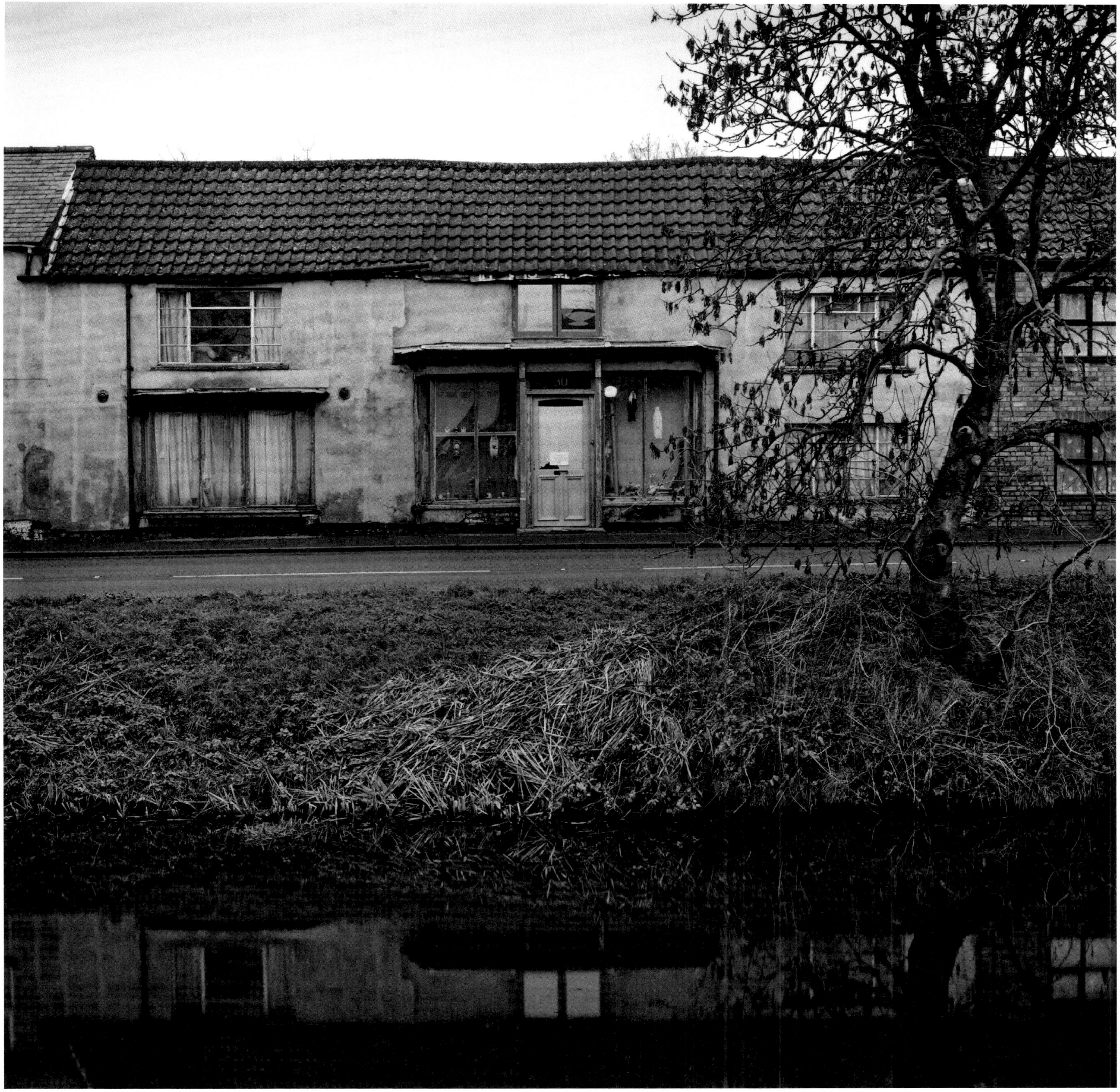

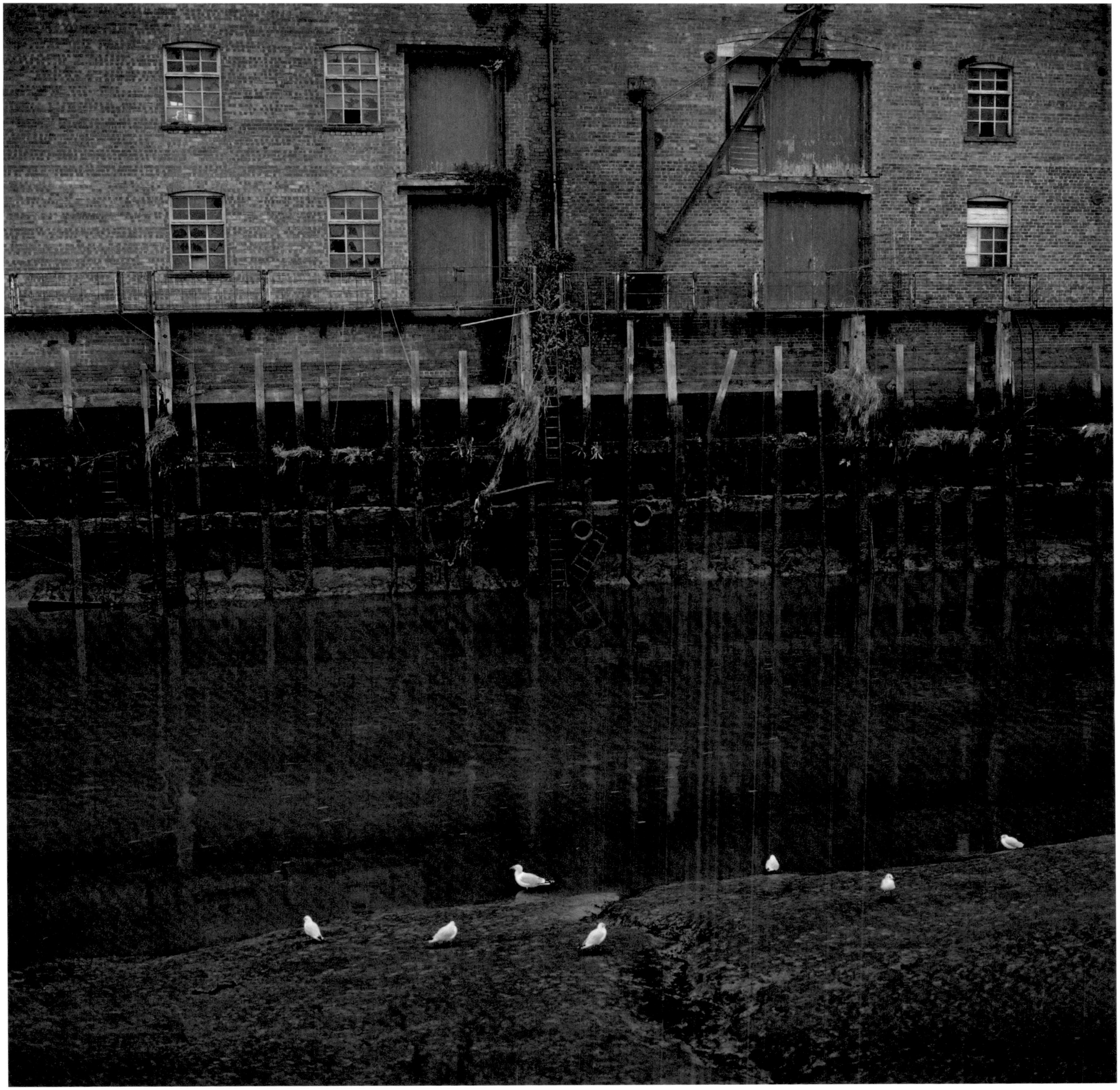

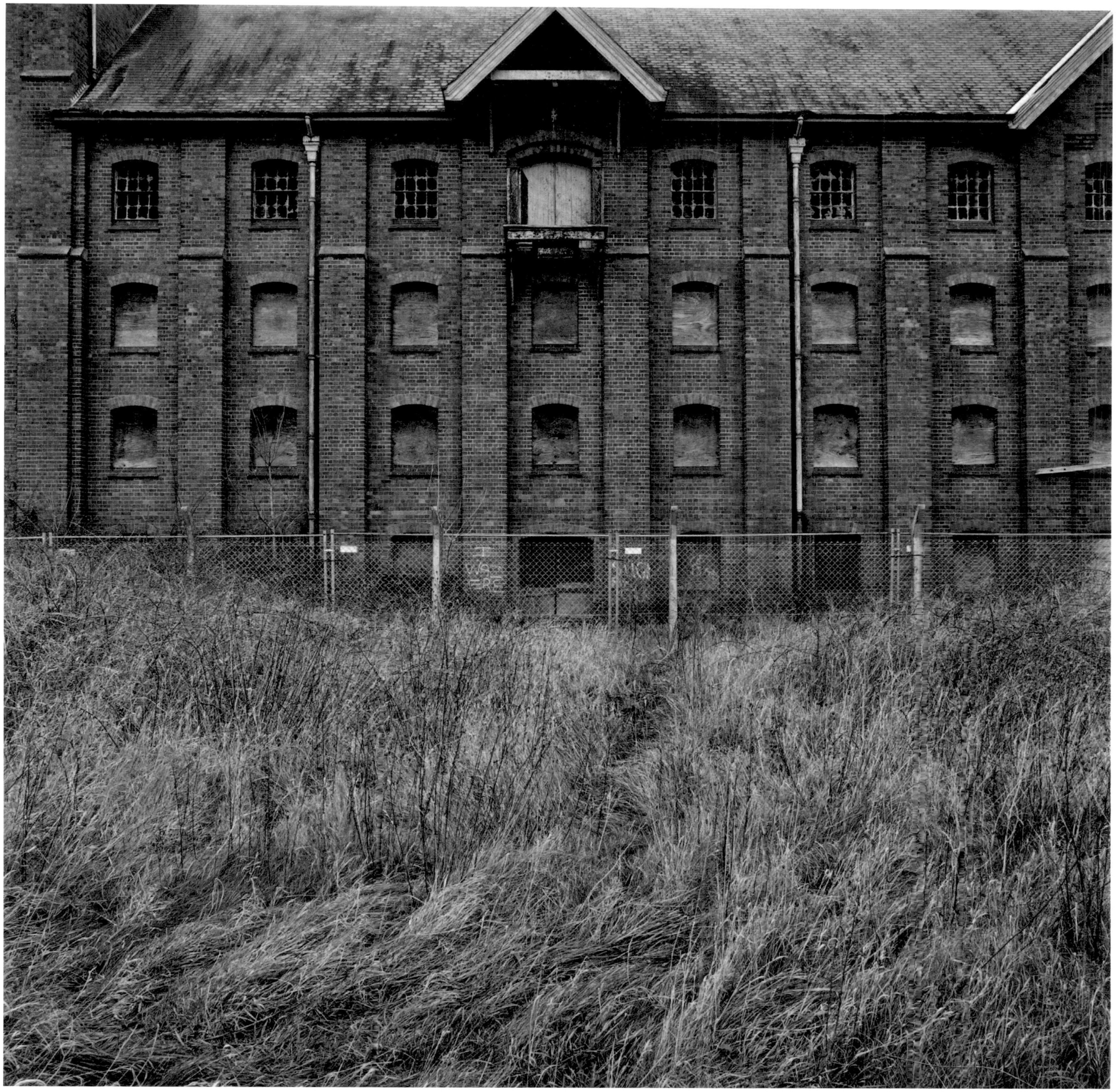

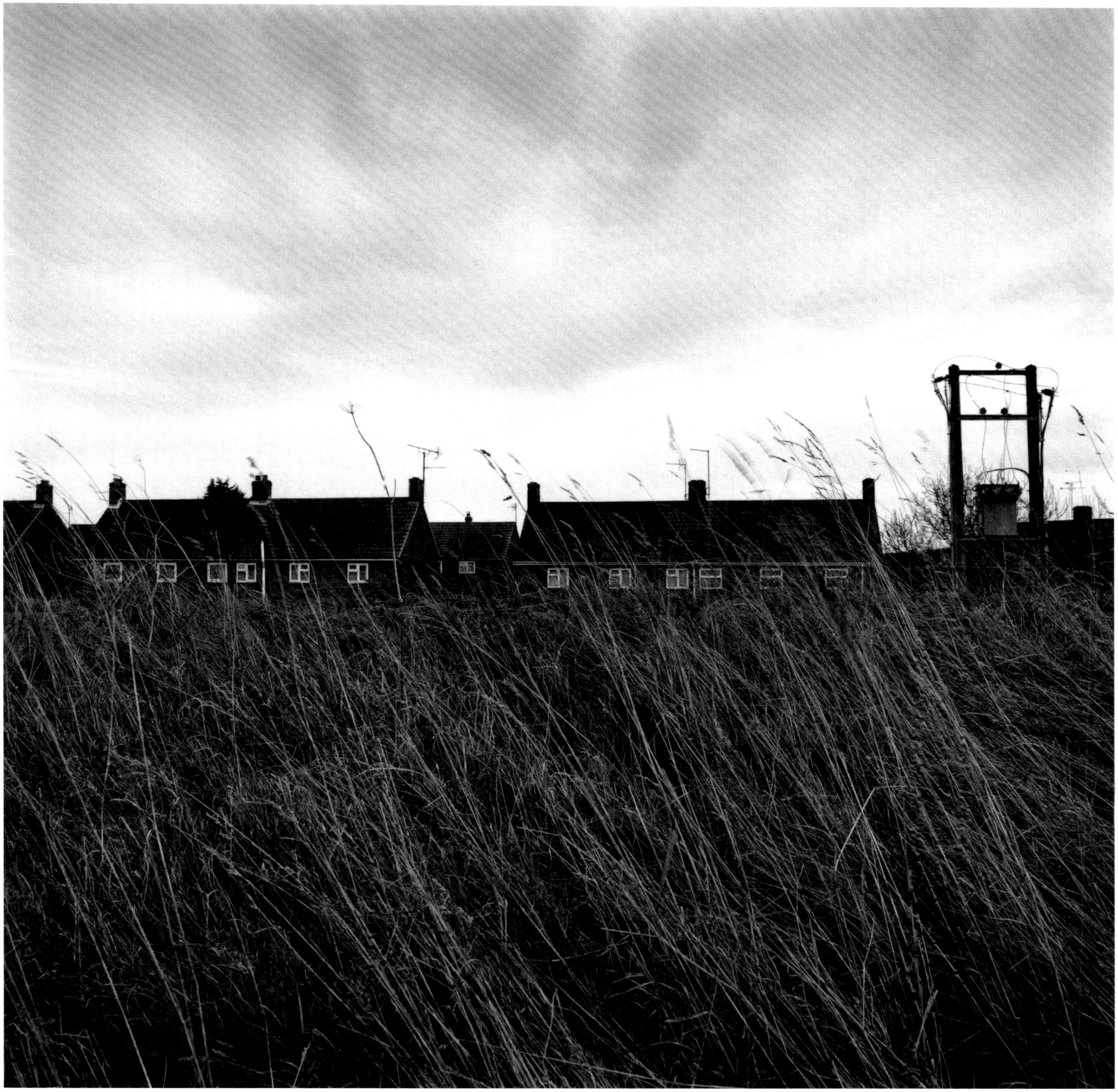

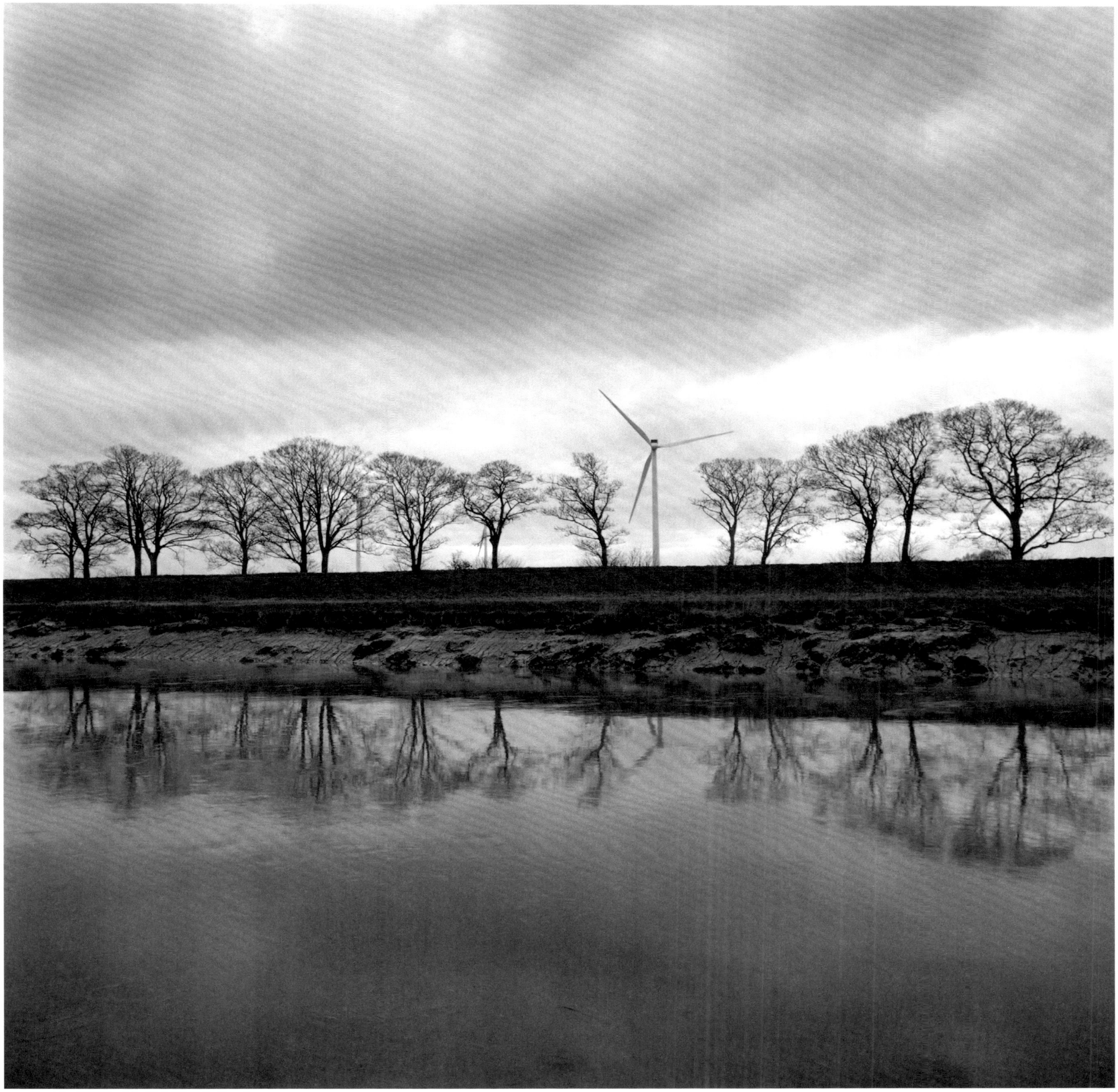

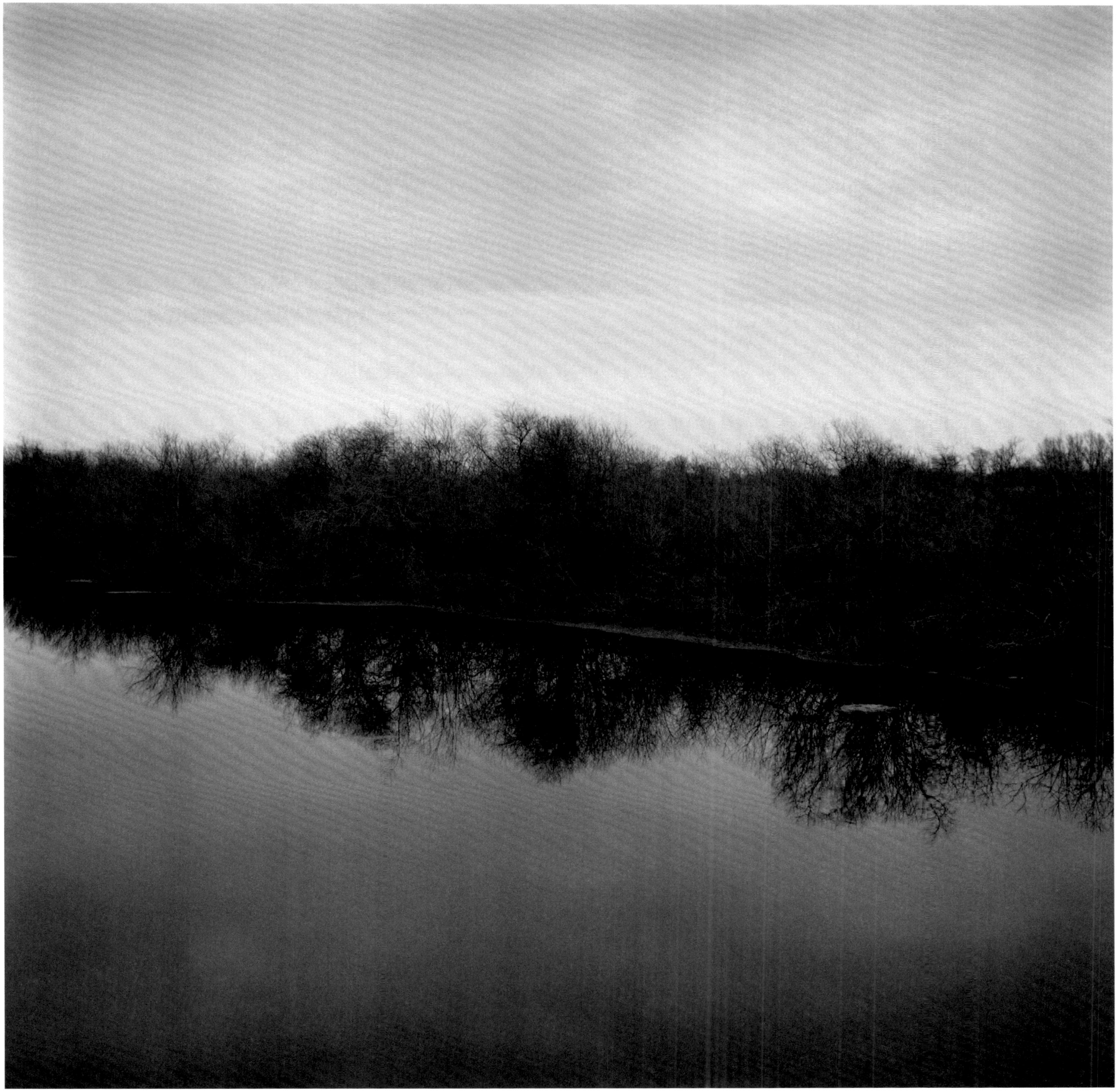

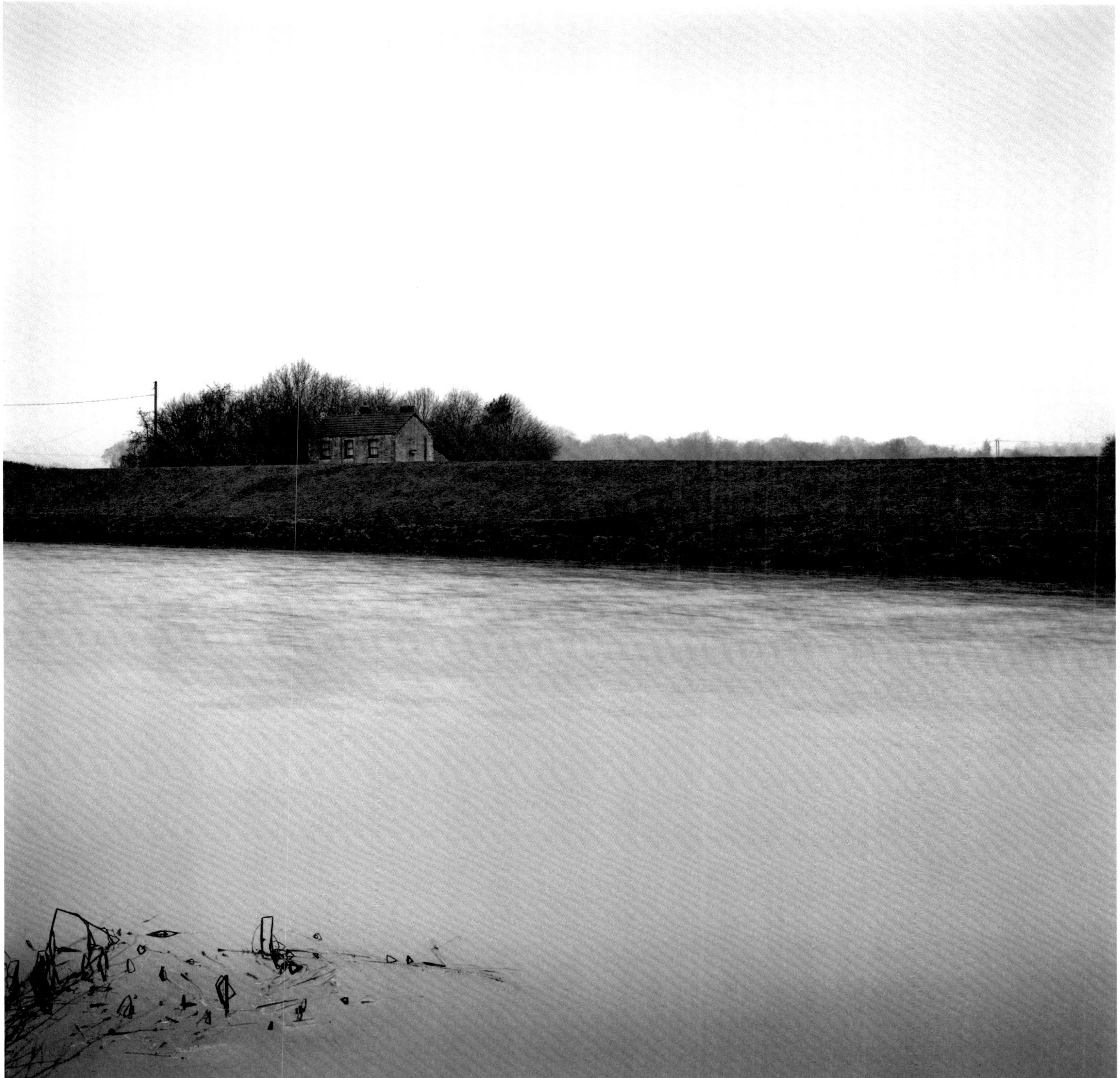

52 | RIVER DELPH

following pages: SHIRE DRAIN SOUTH | SHIRE DRAIN NORTH

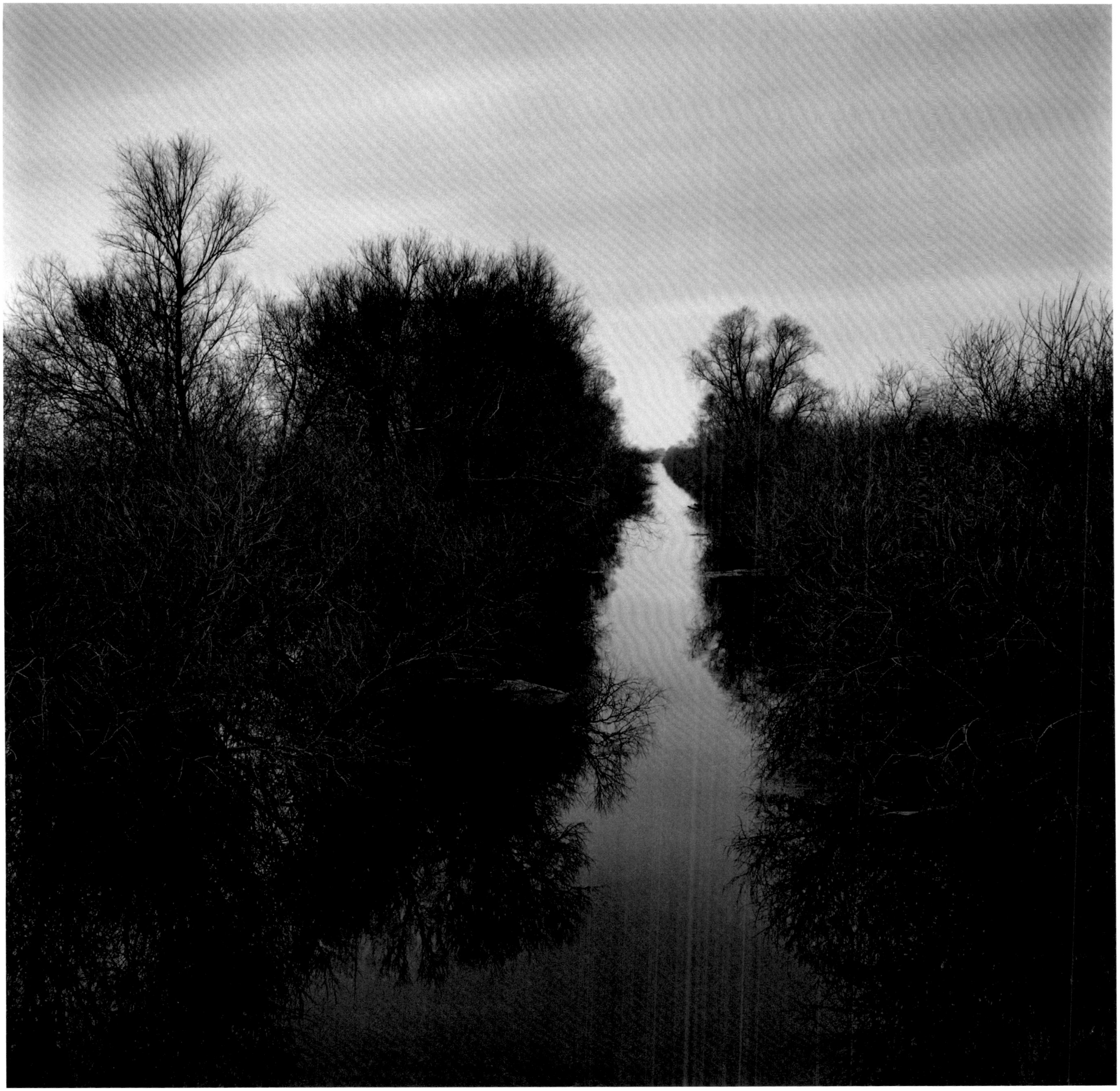

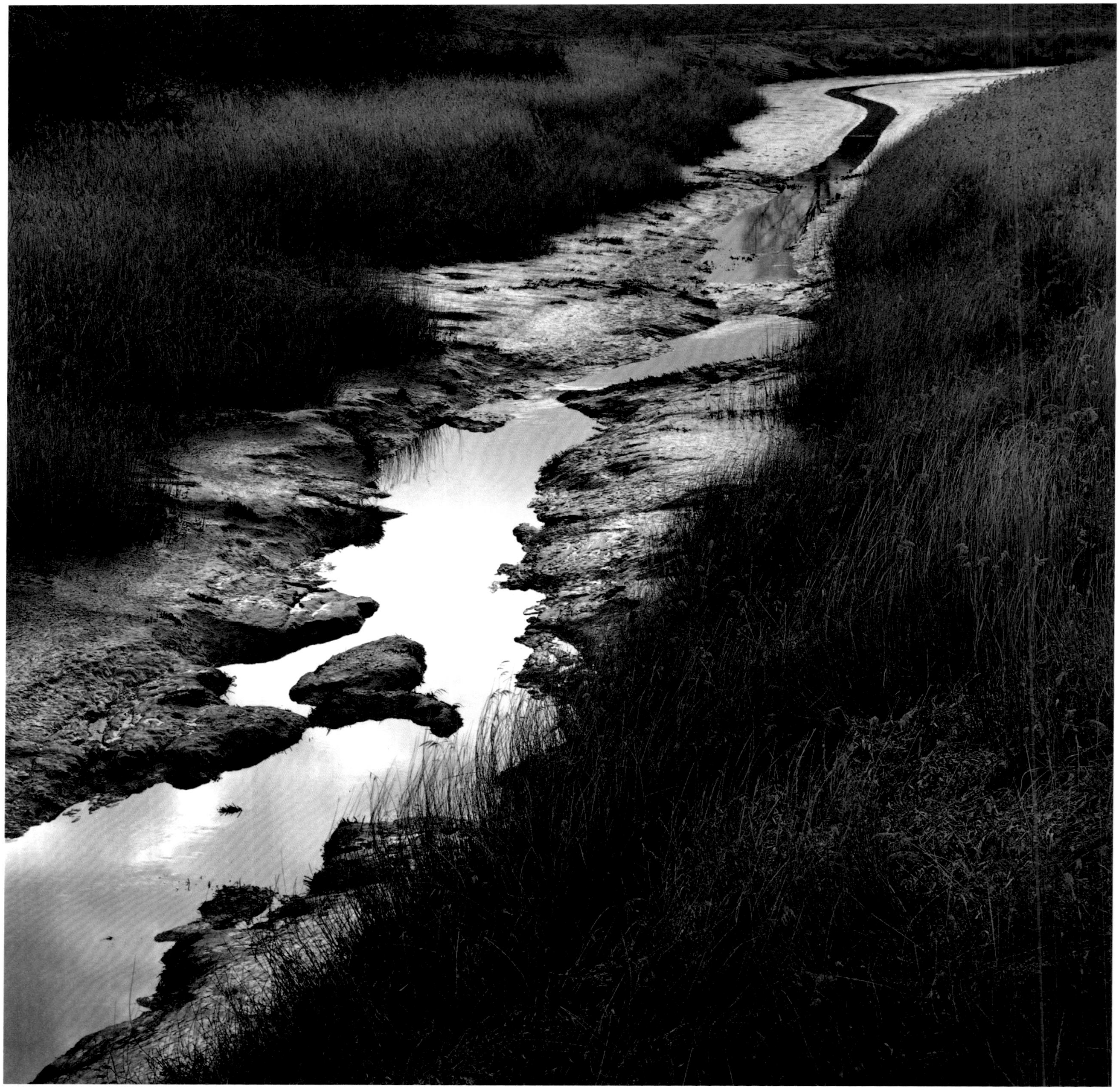

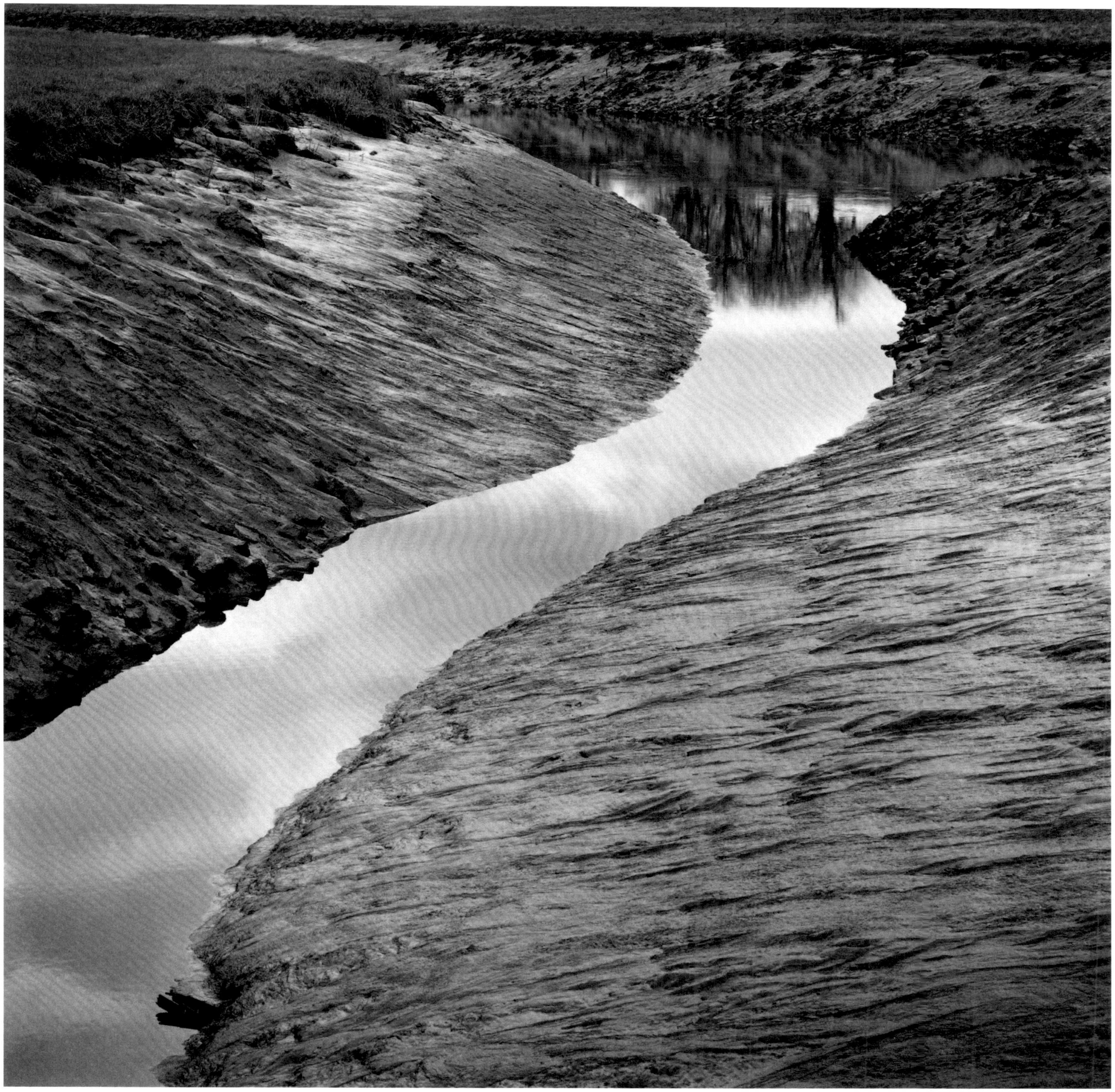

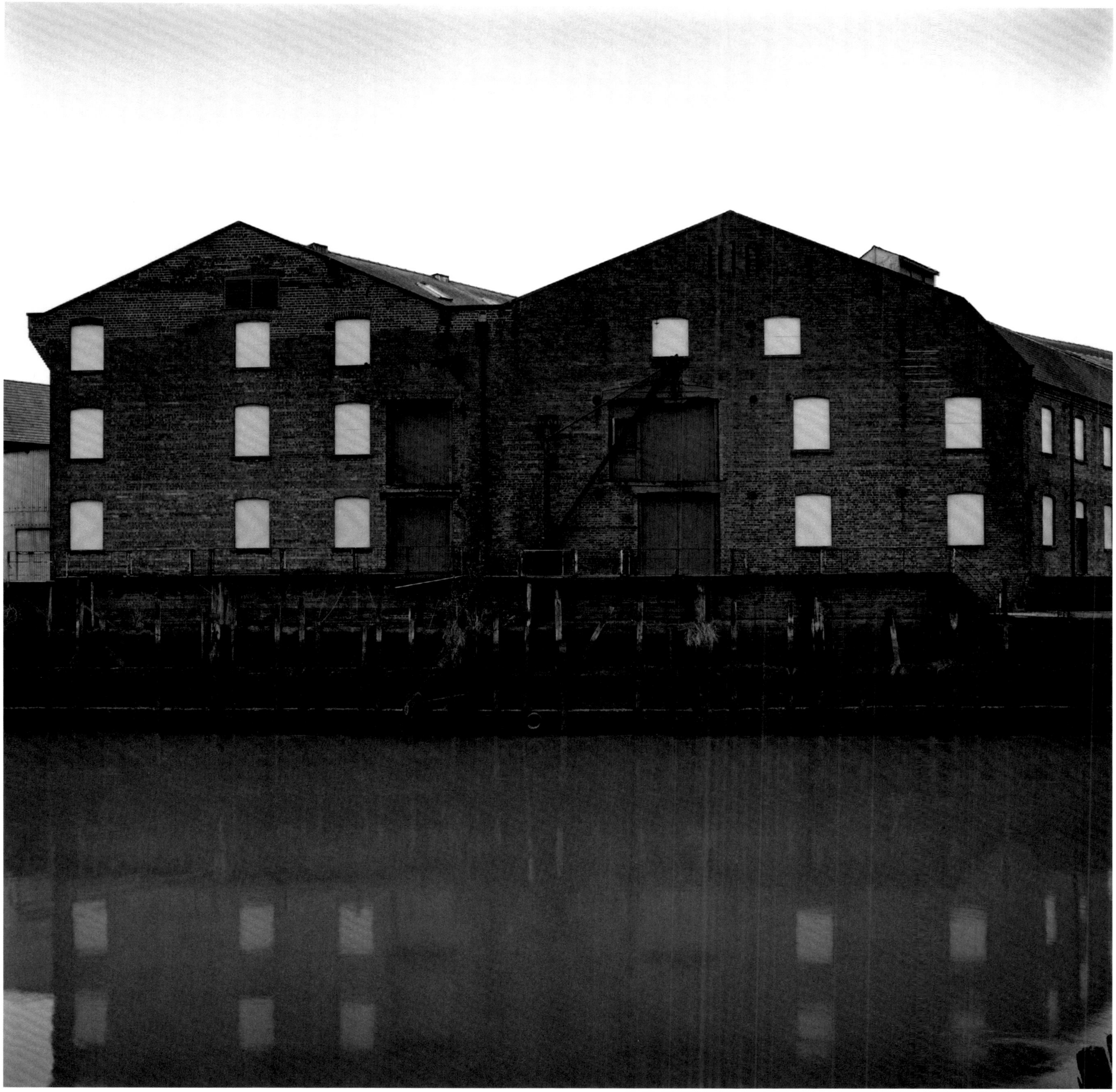

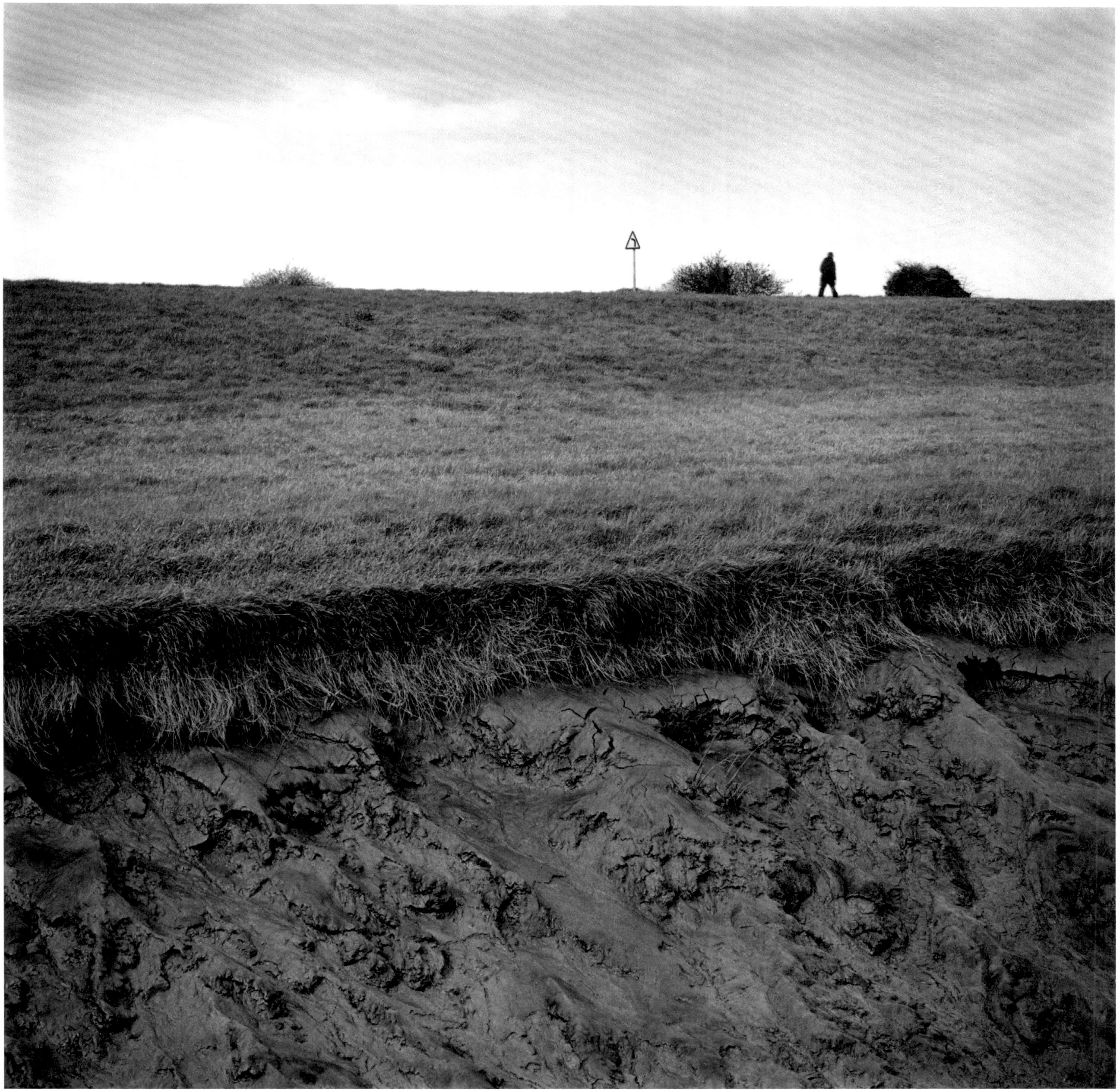

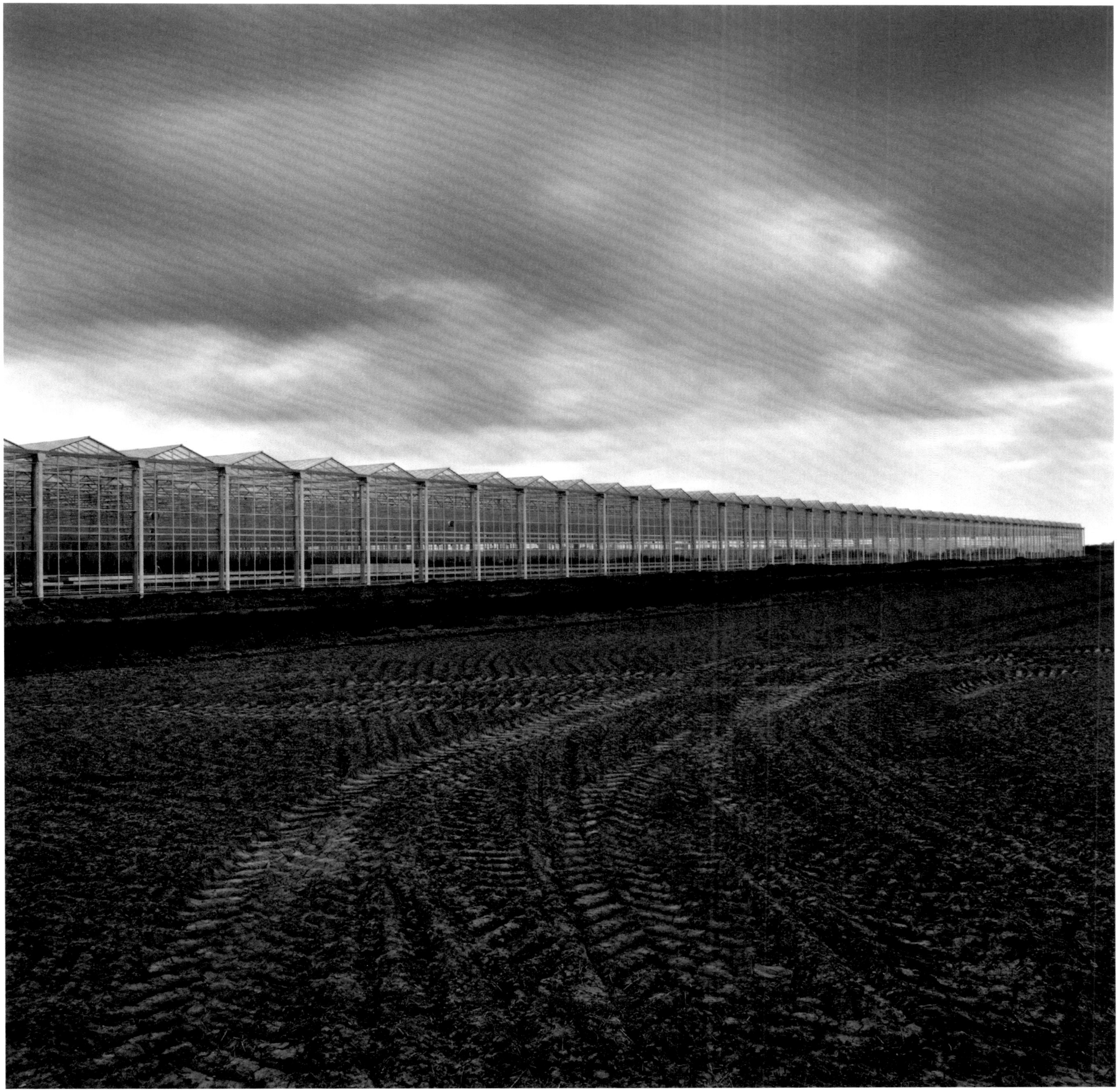

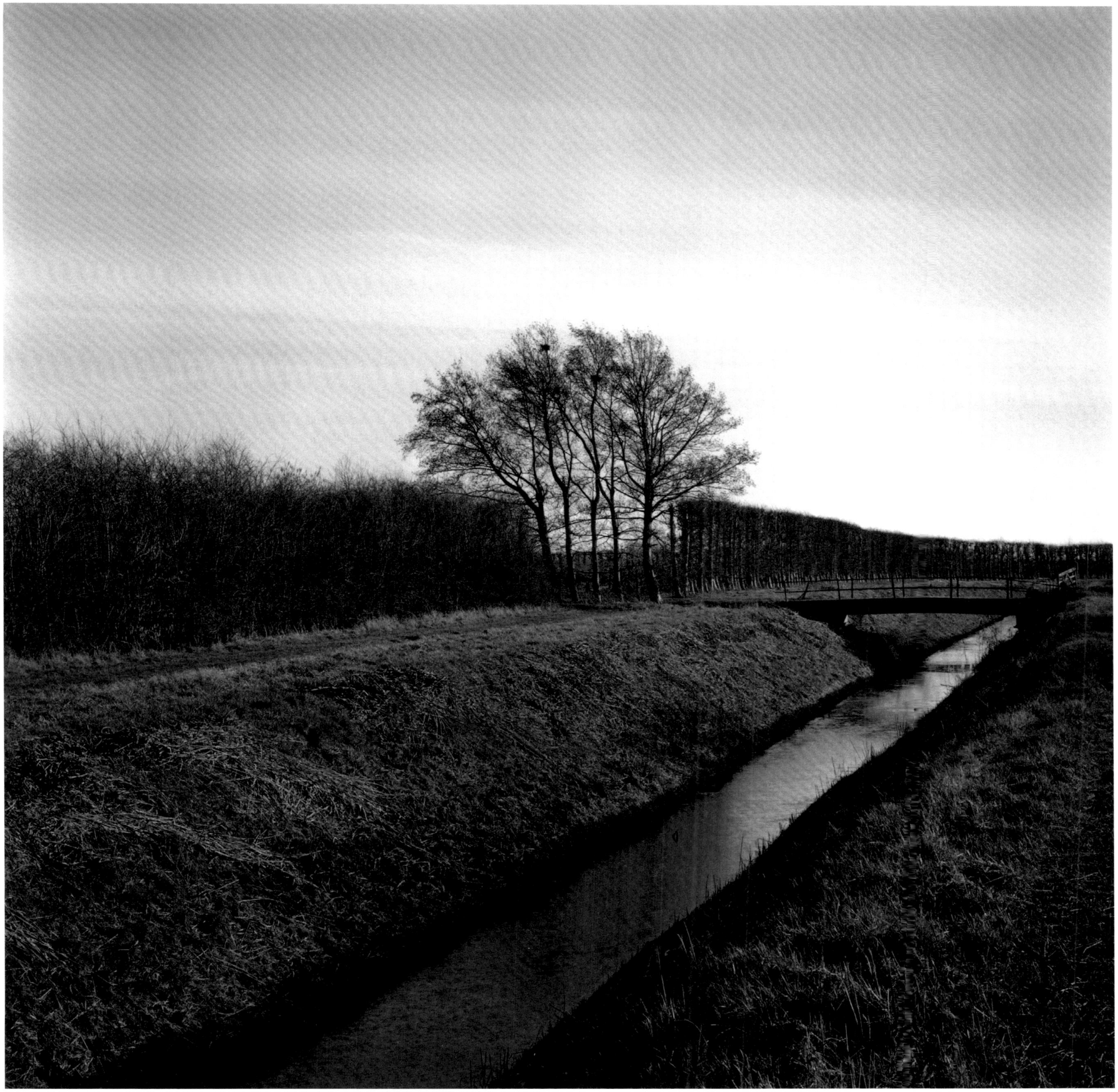

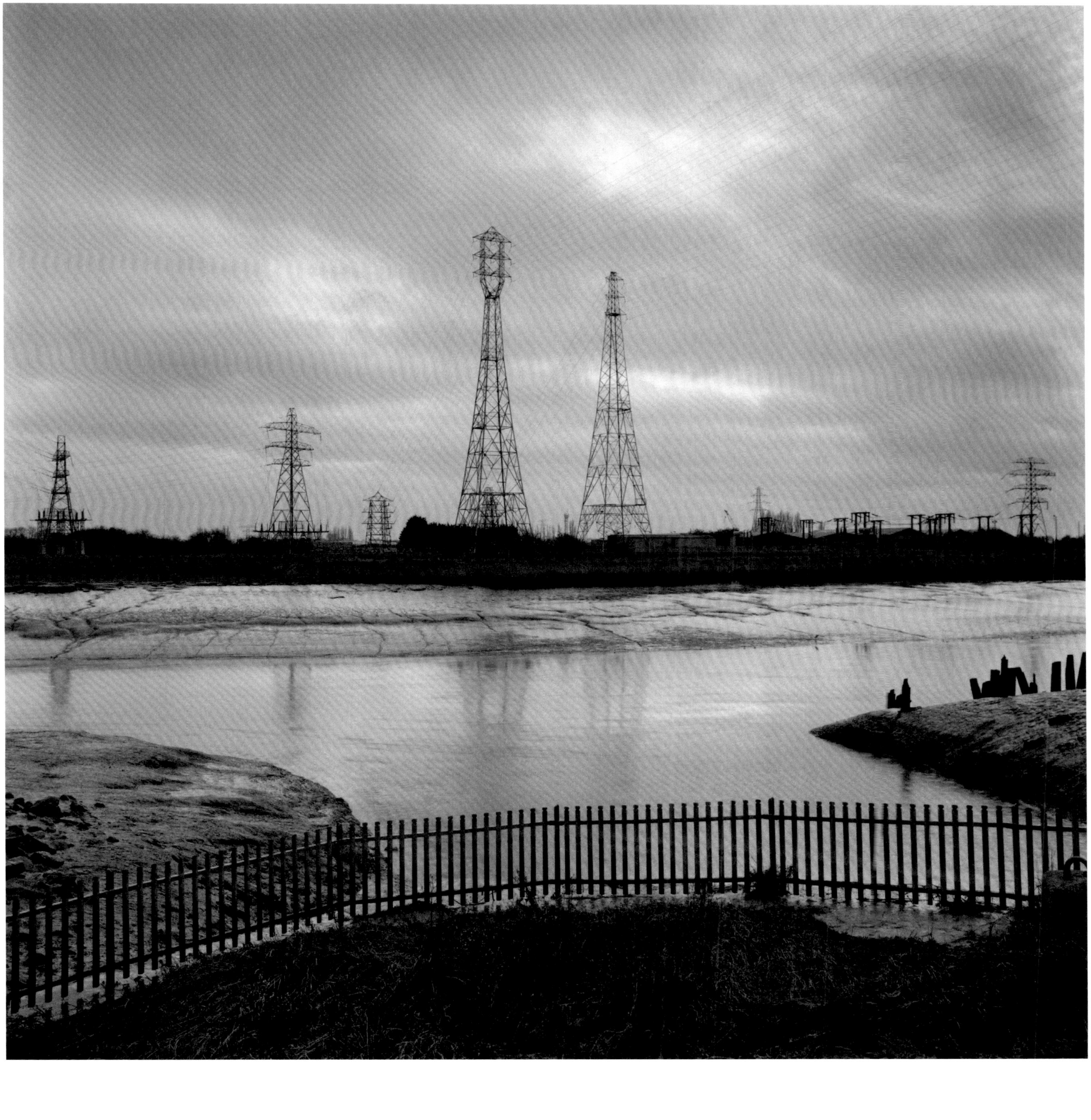

66 | FIVE TOWNS PUMPING STATION

following pages: HULLS DROVE | MURROW

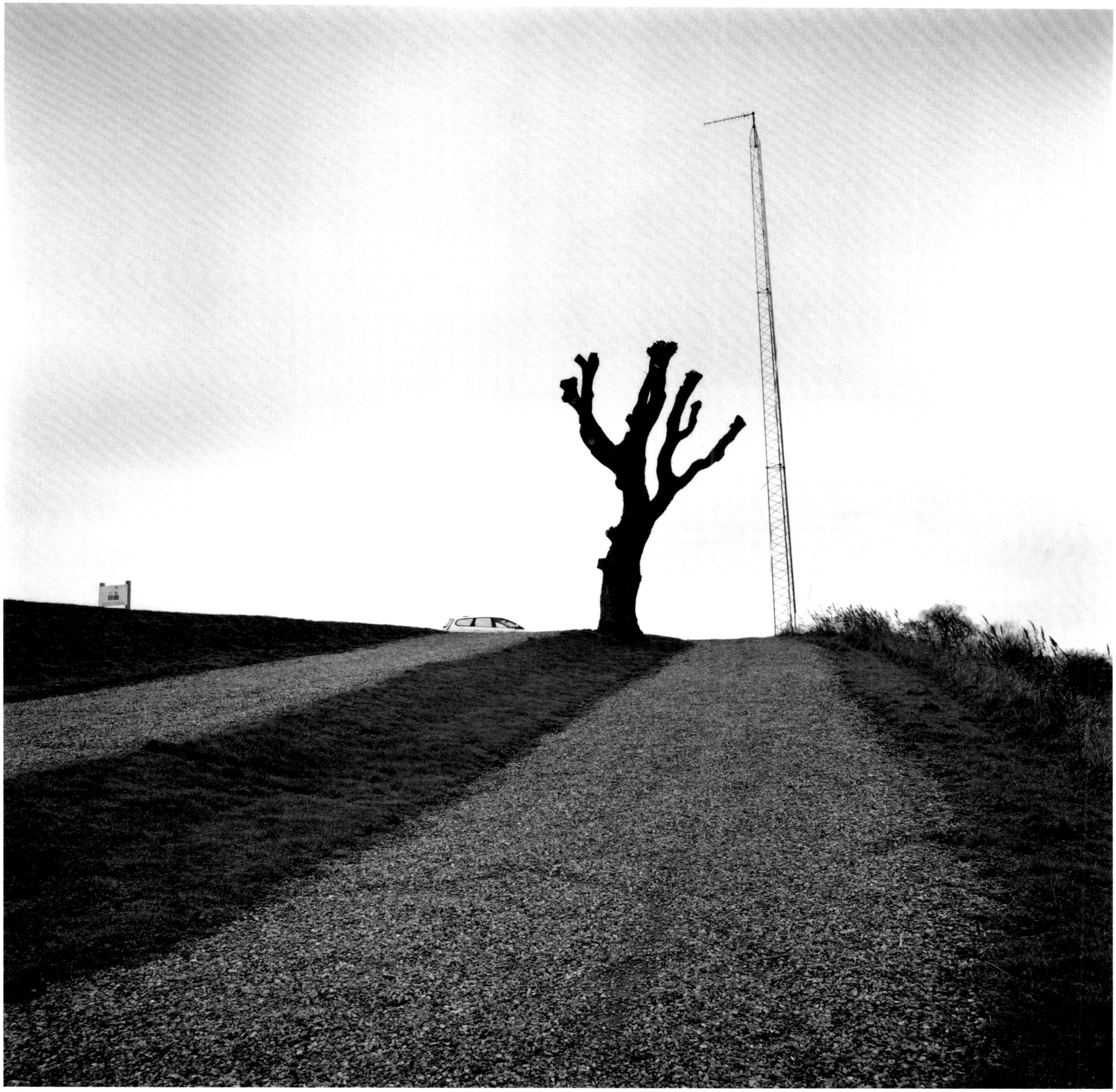

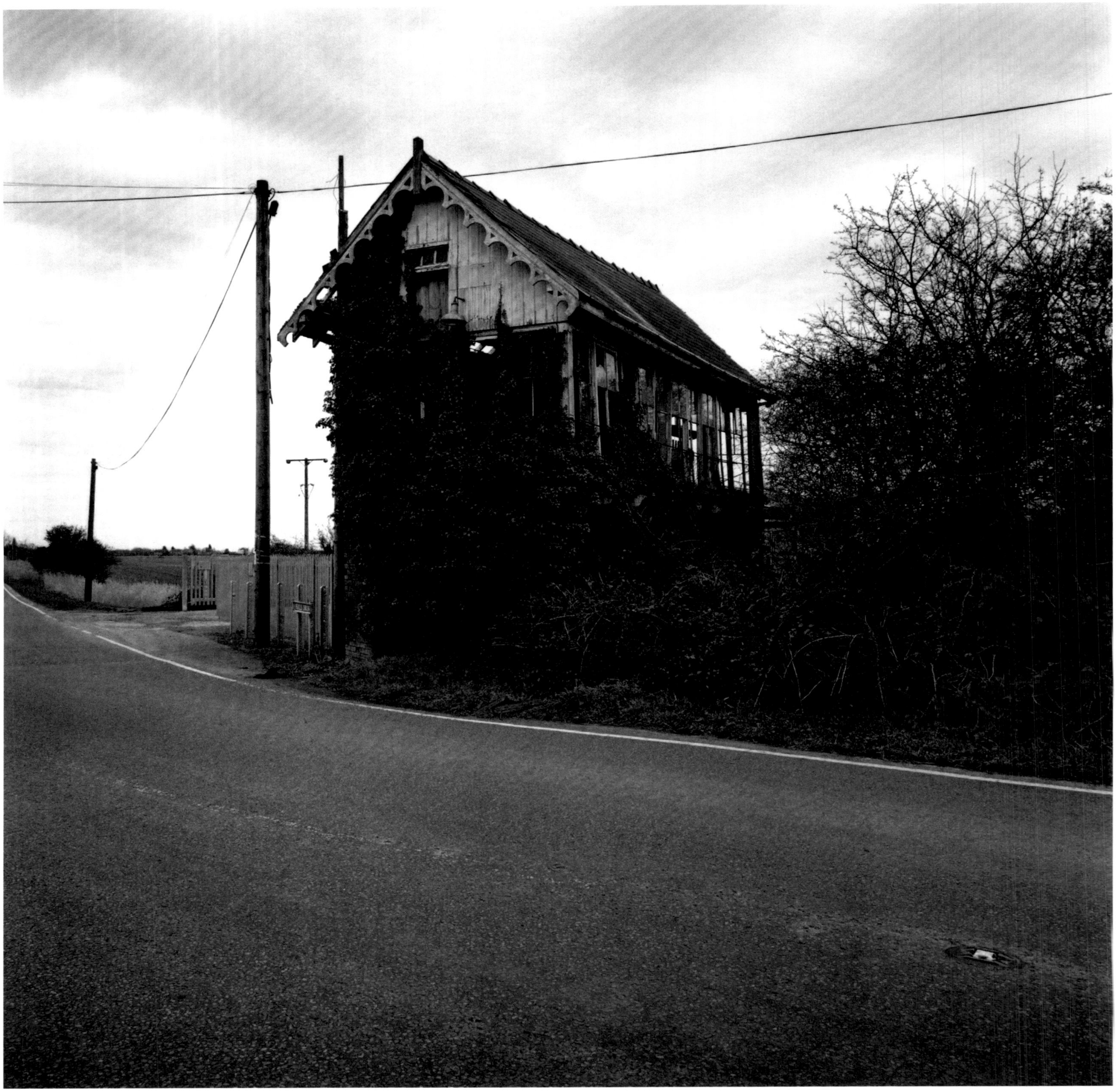

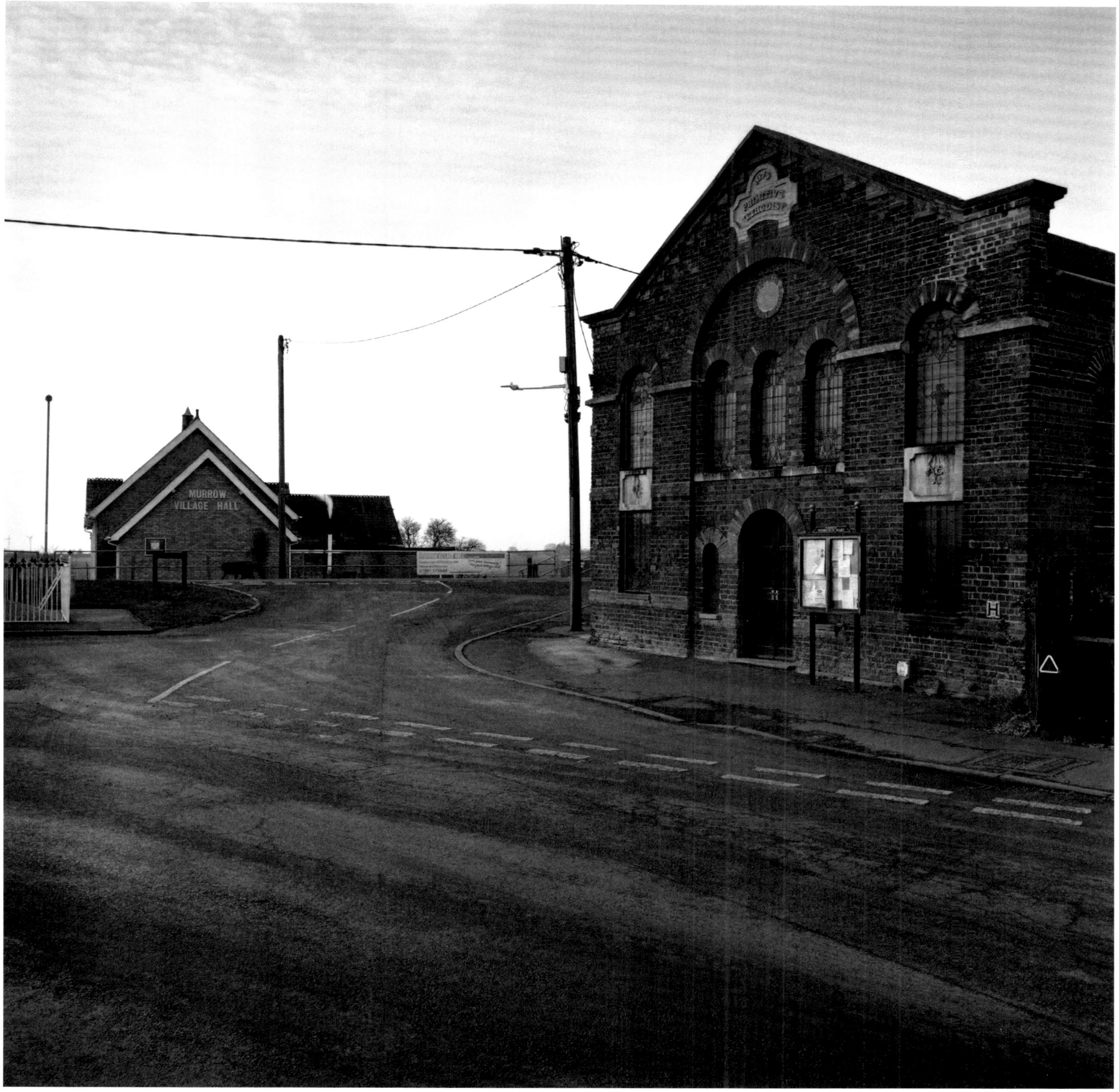
MURROW
VILLAGE HALL

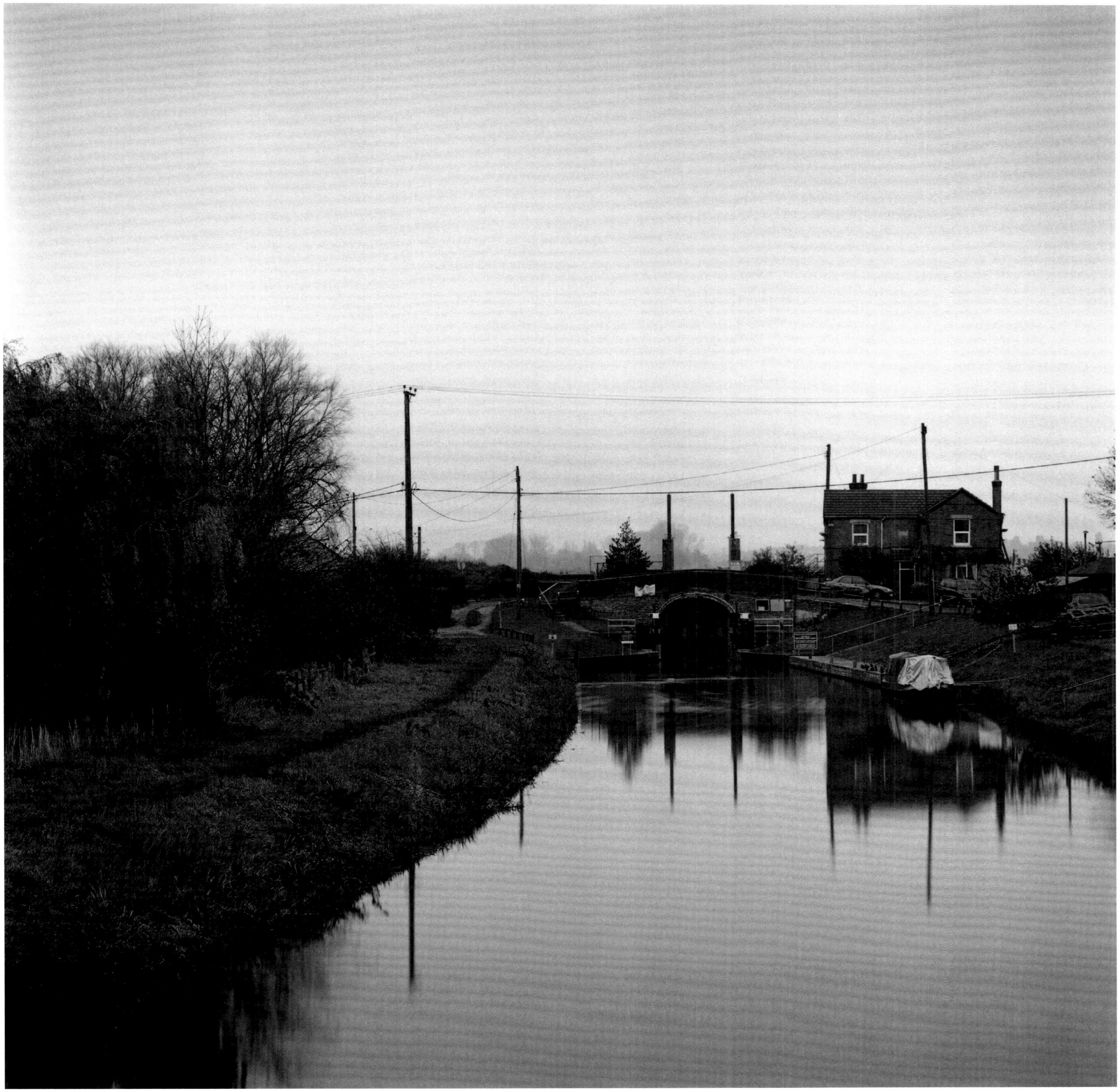

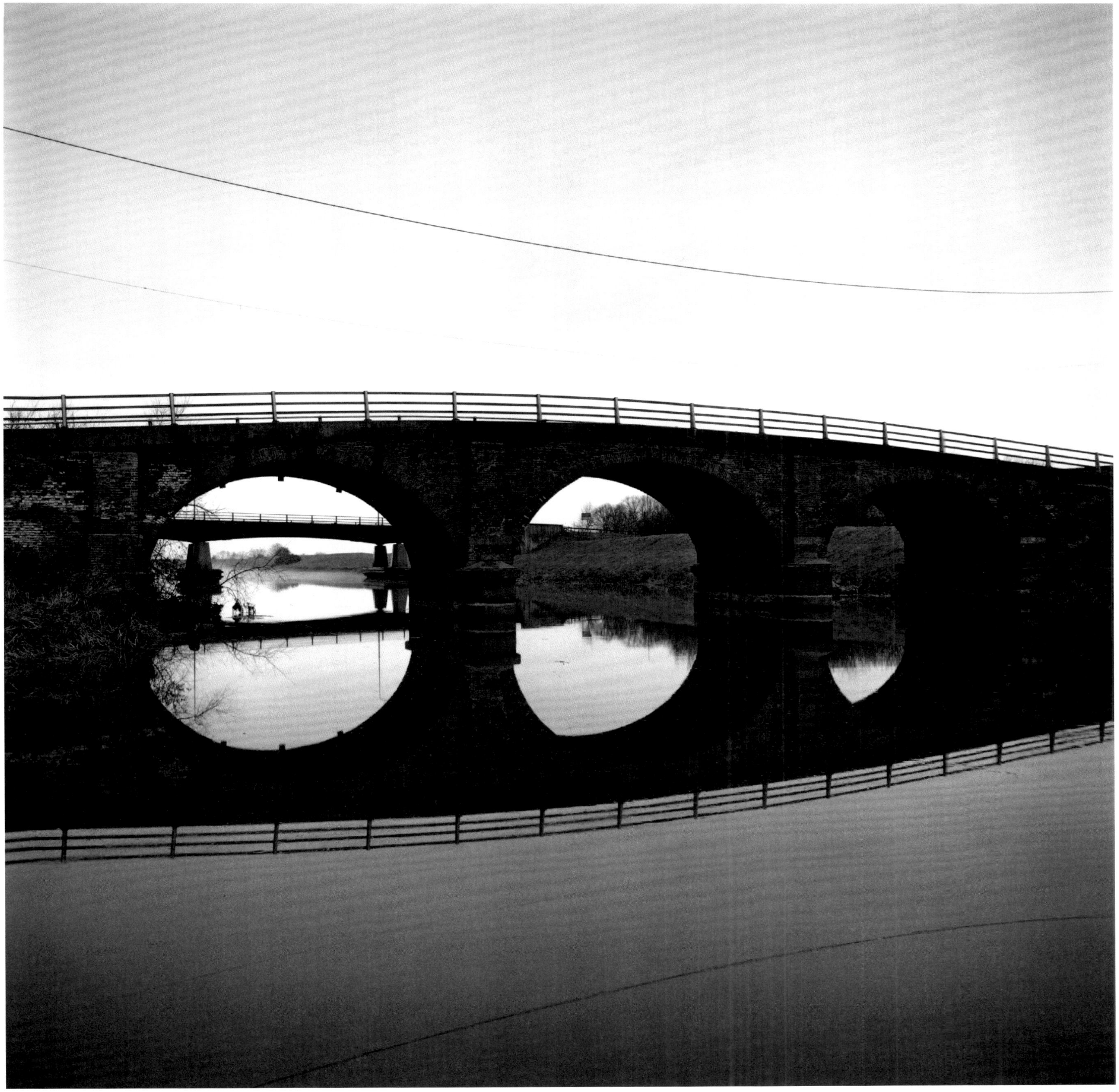

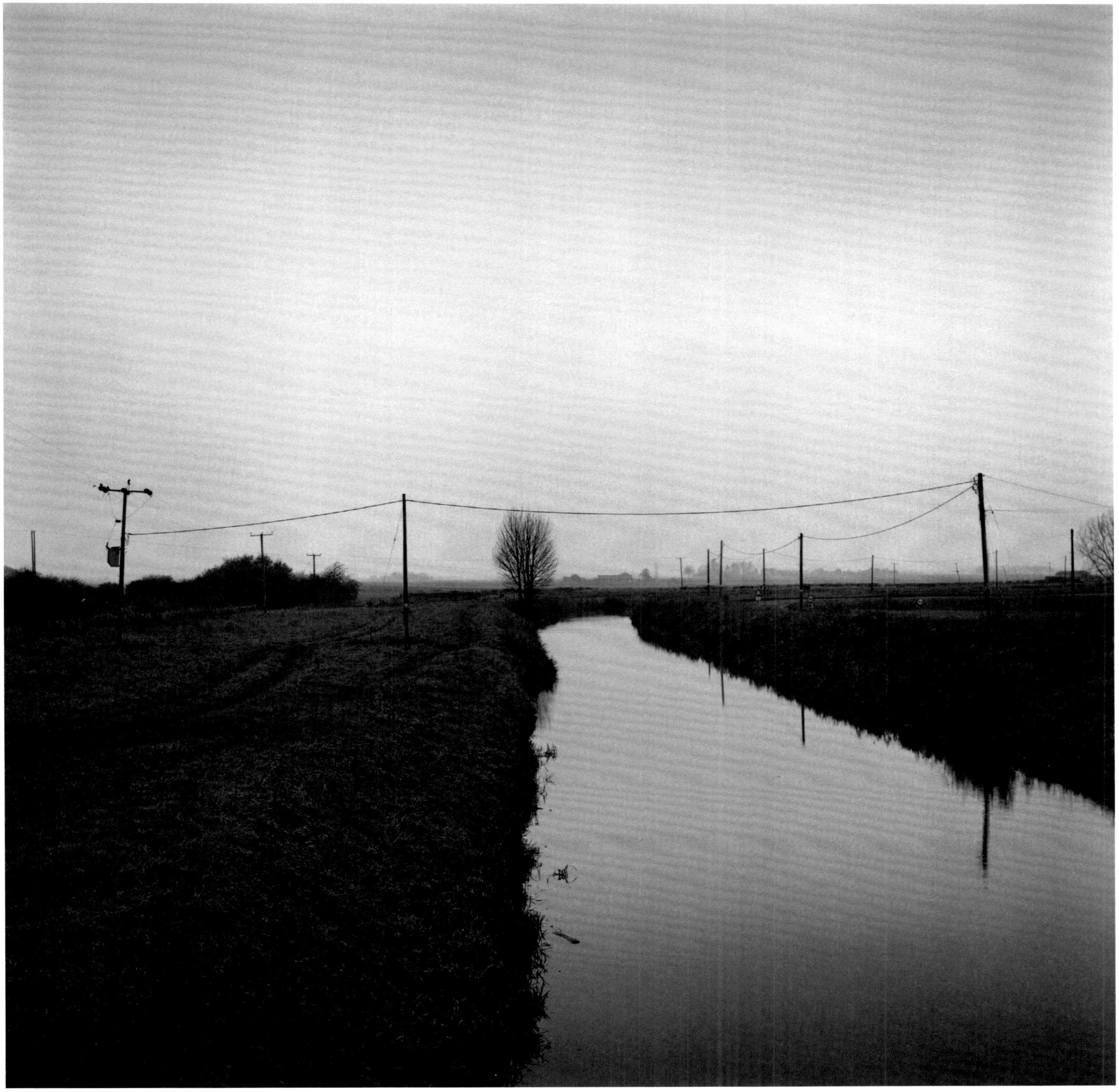

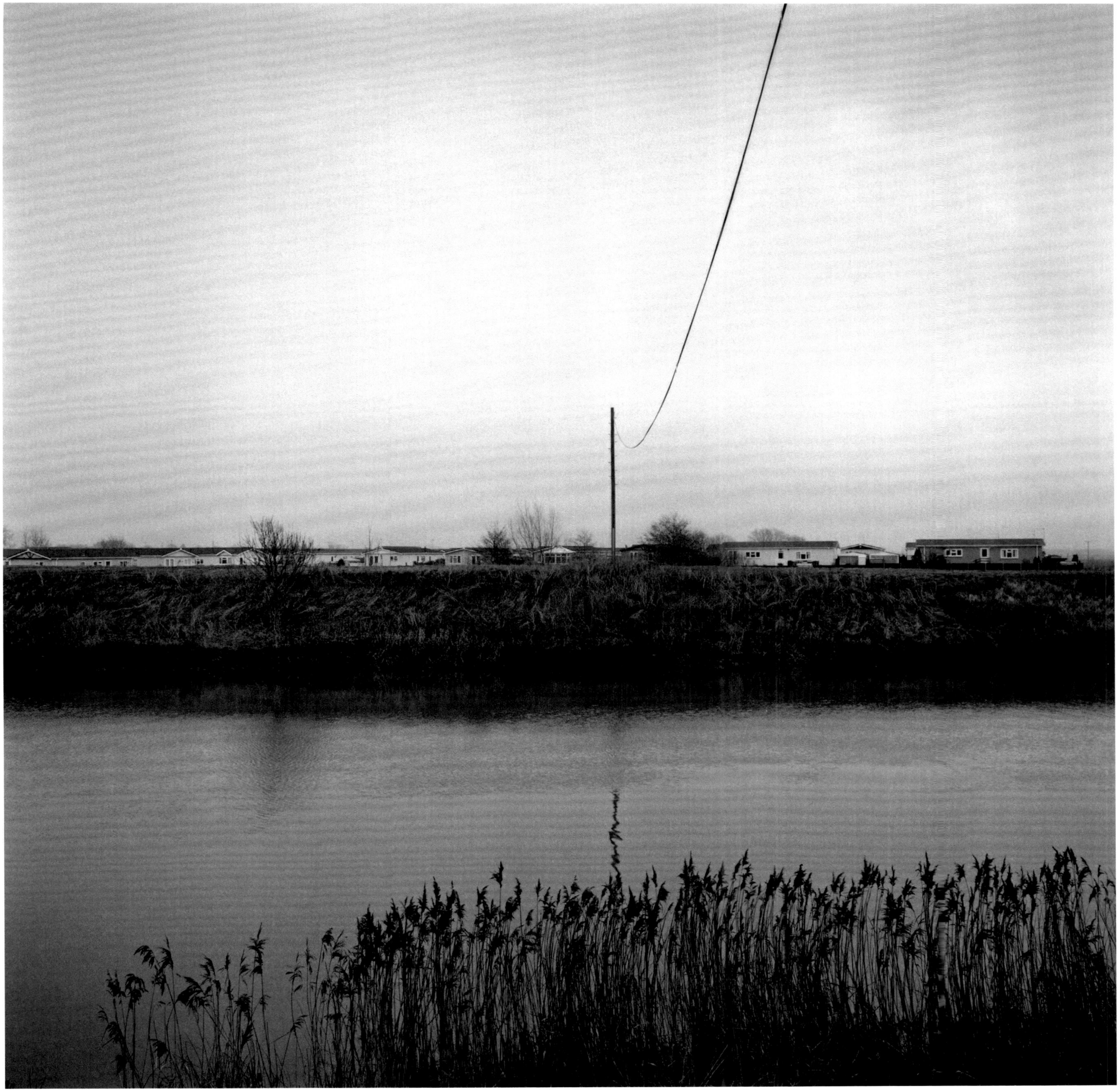

78 | HOLBEACH ST. JOHNS

following pages: WELNEY SLUICE | WALPOLE ST. ANDREW

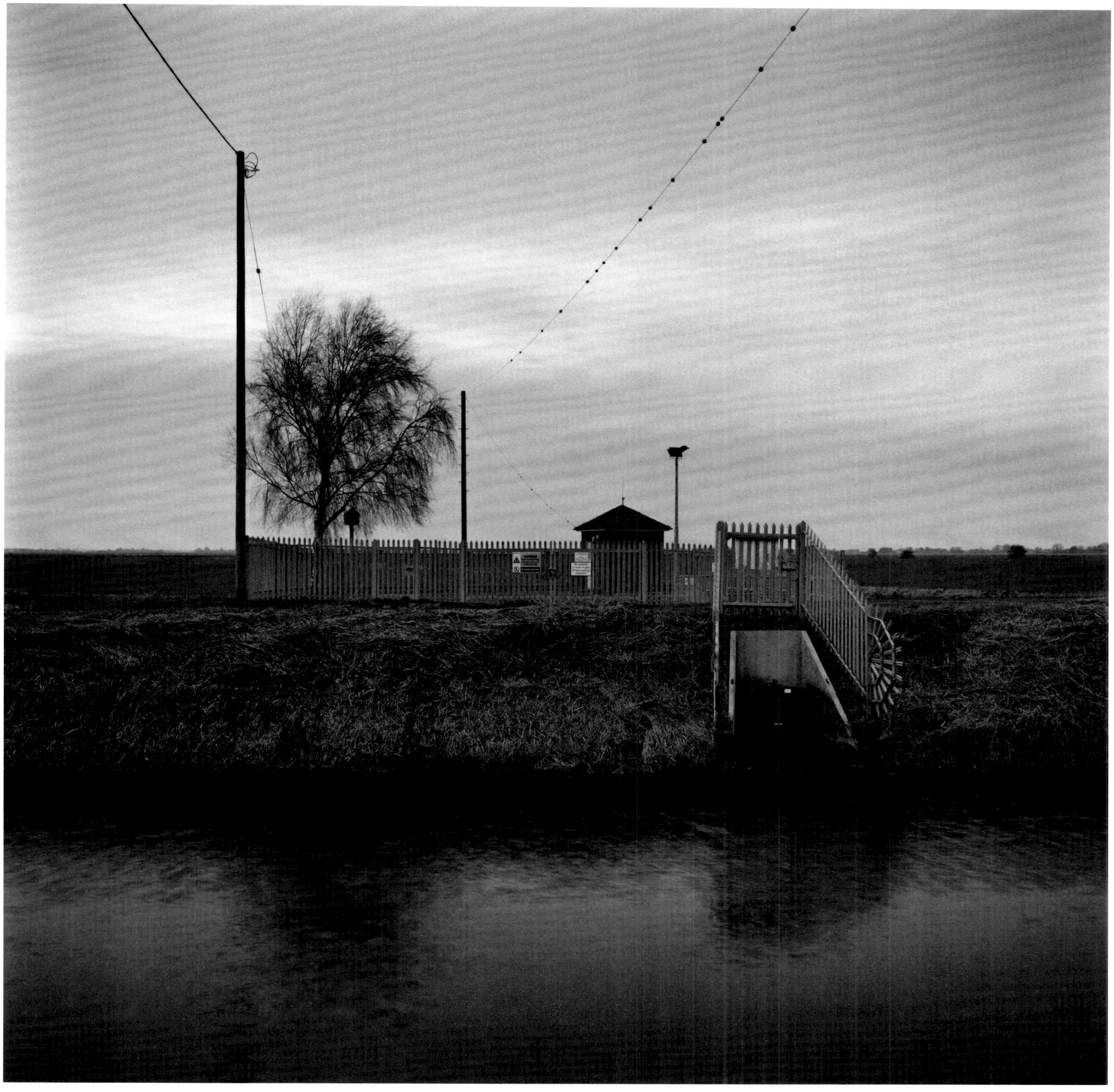

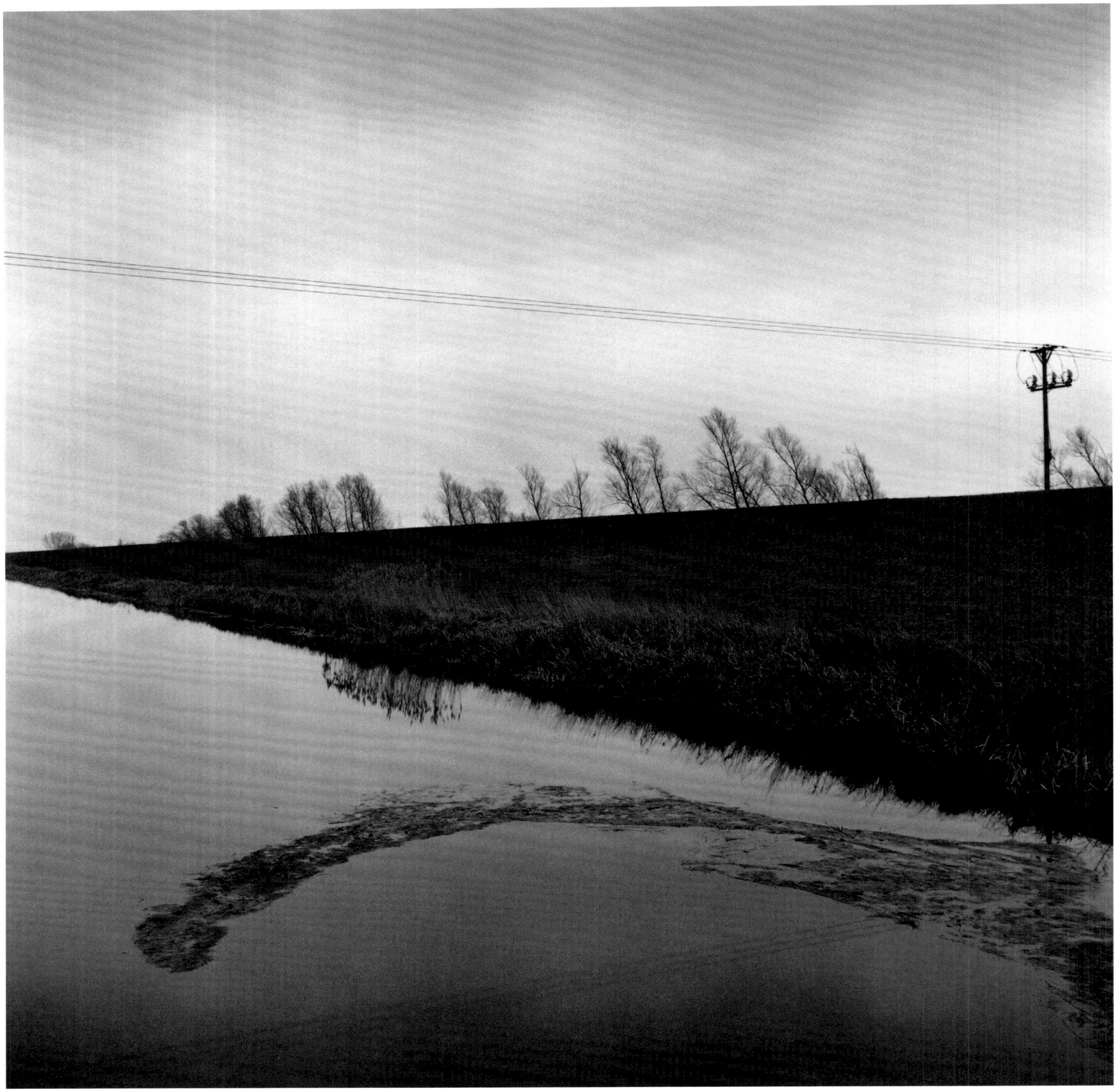

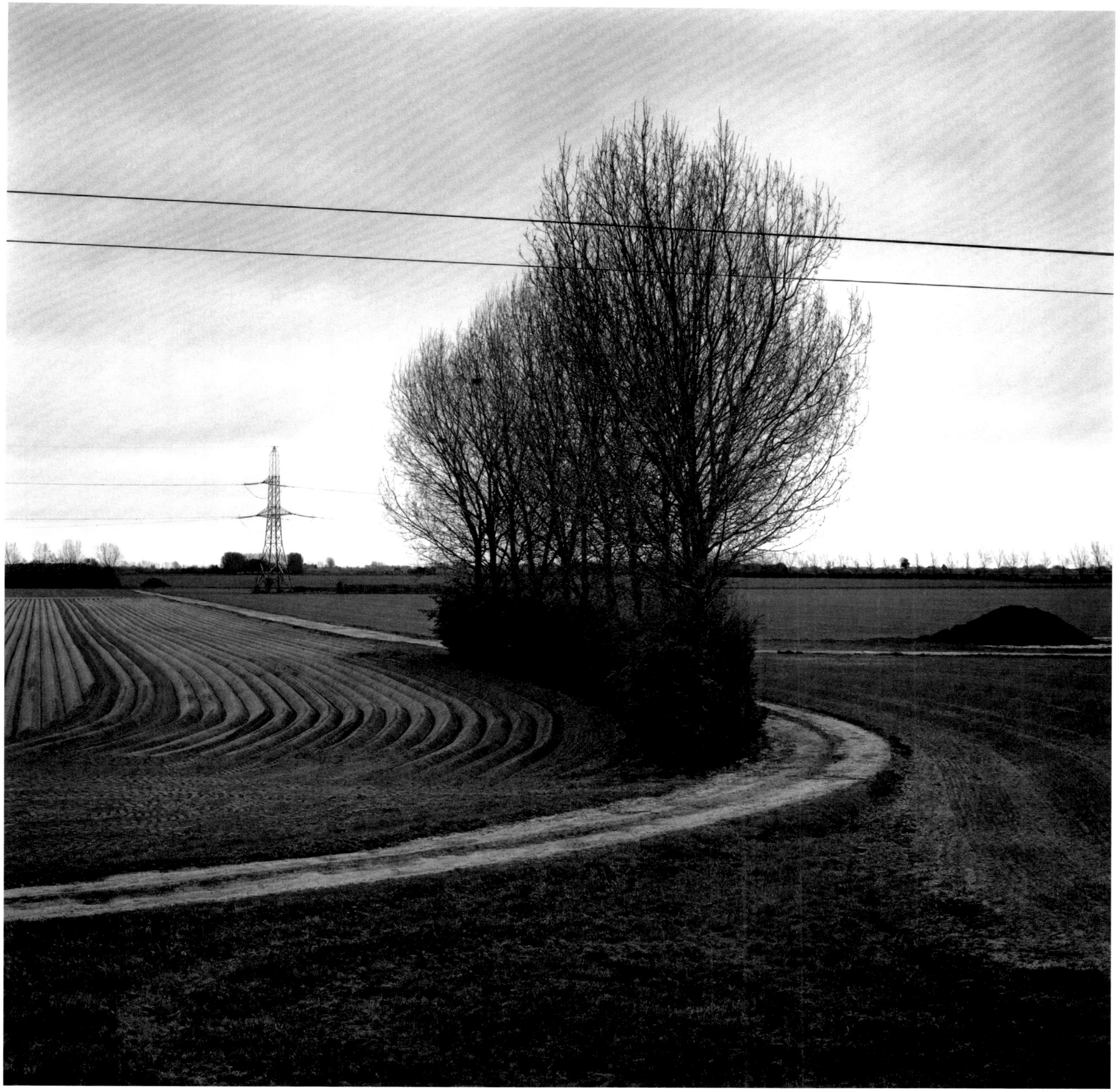

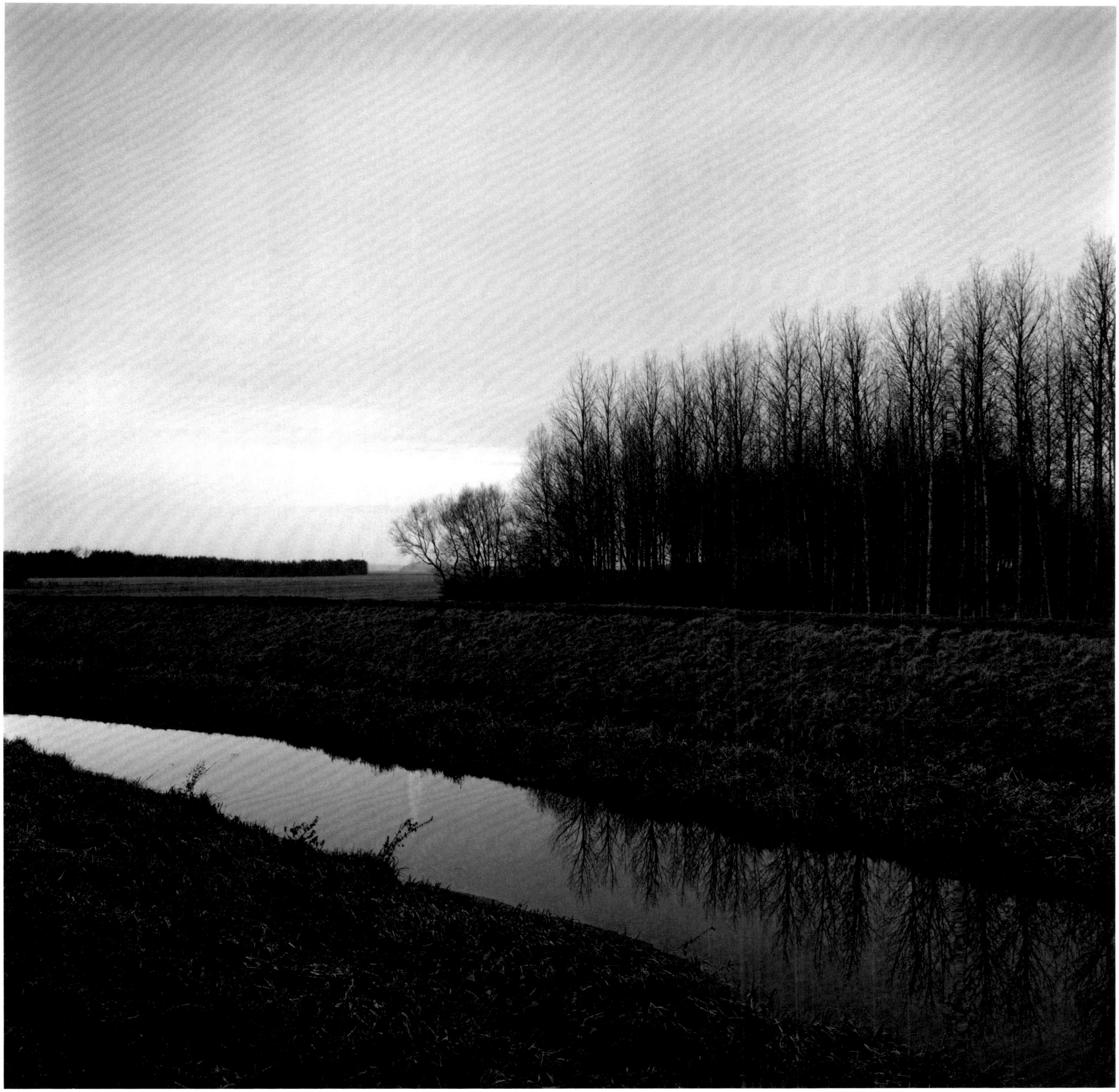

following pages: WALCOTT DALES | MARSH ROAD

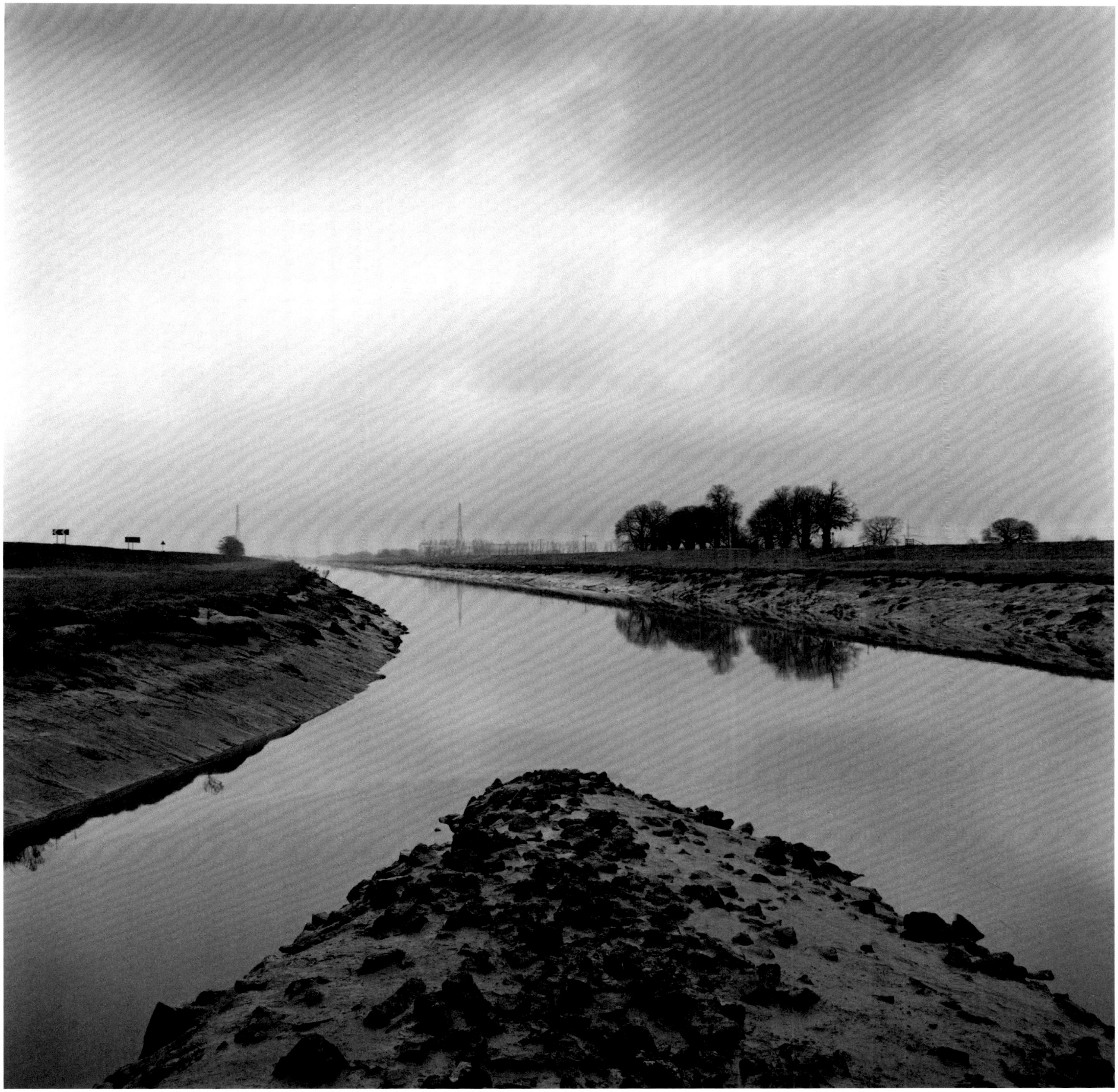

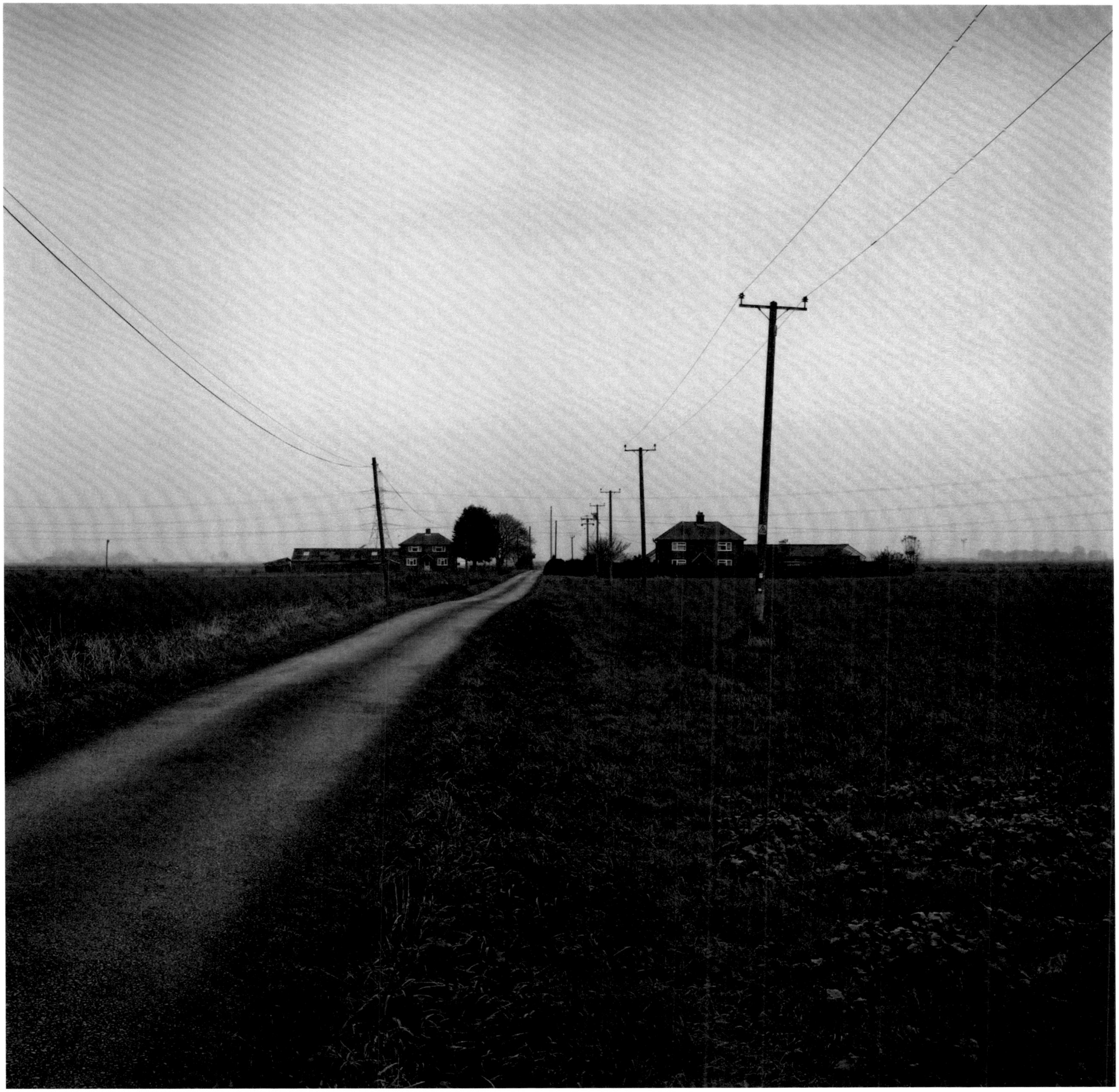

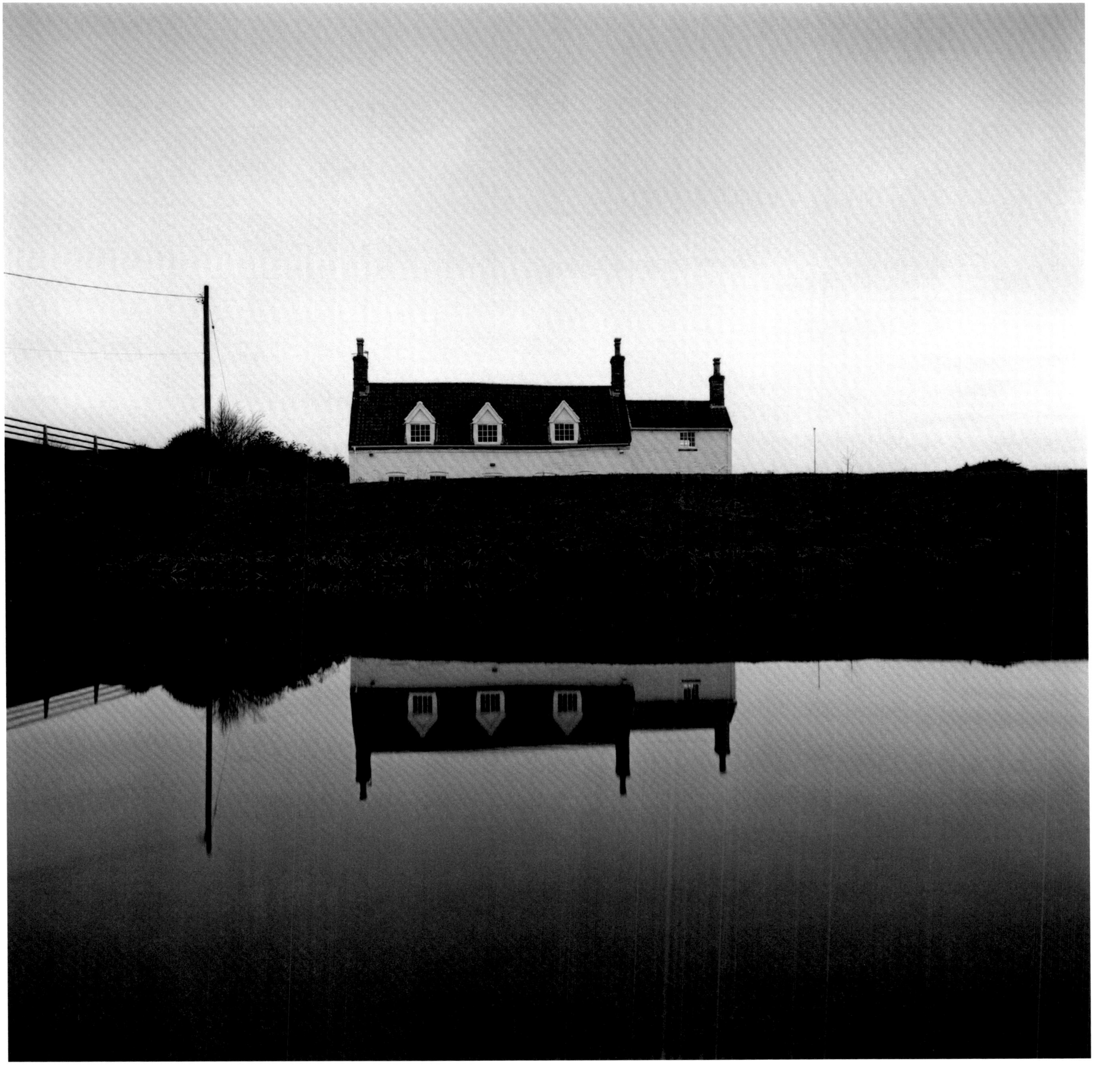

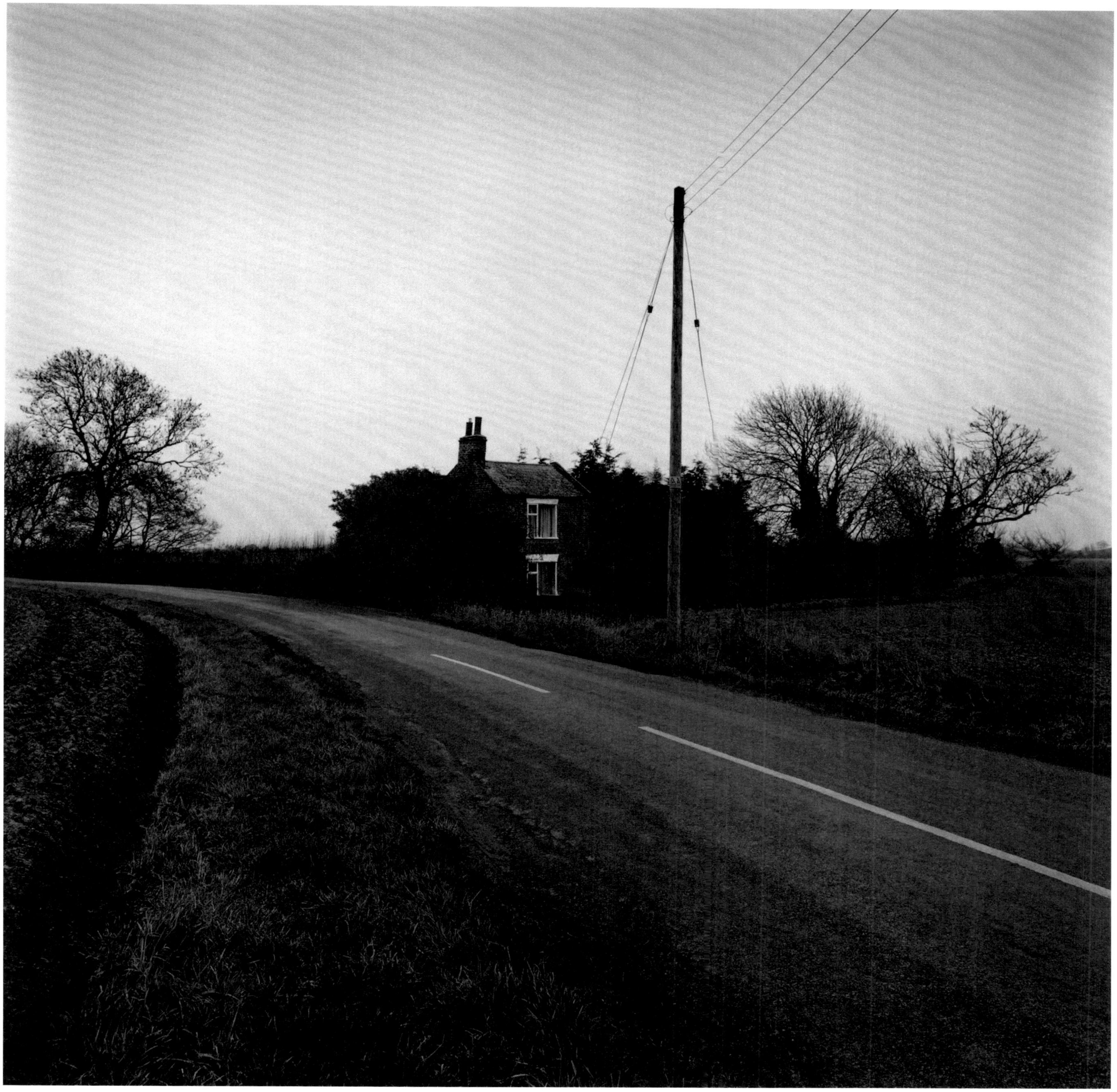

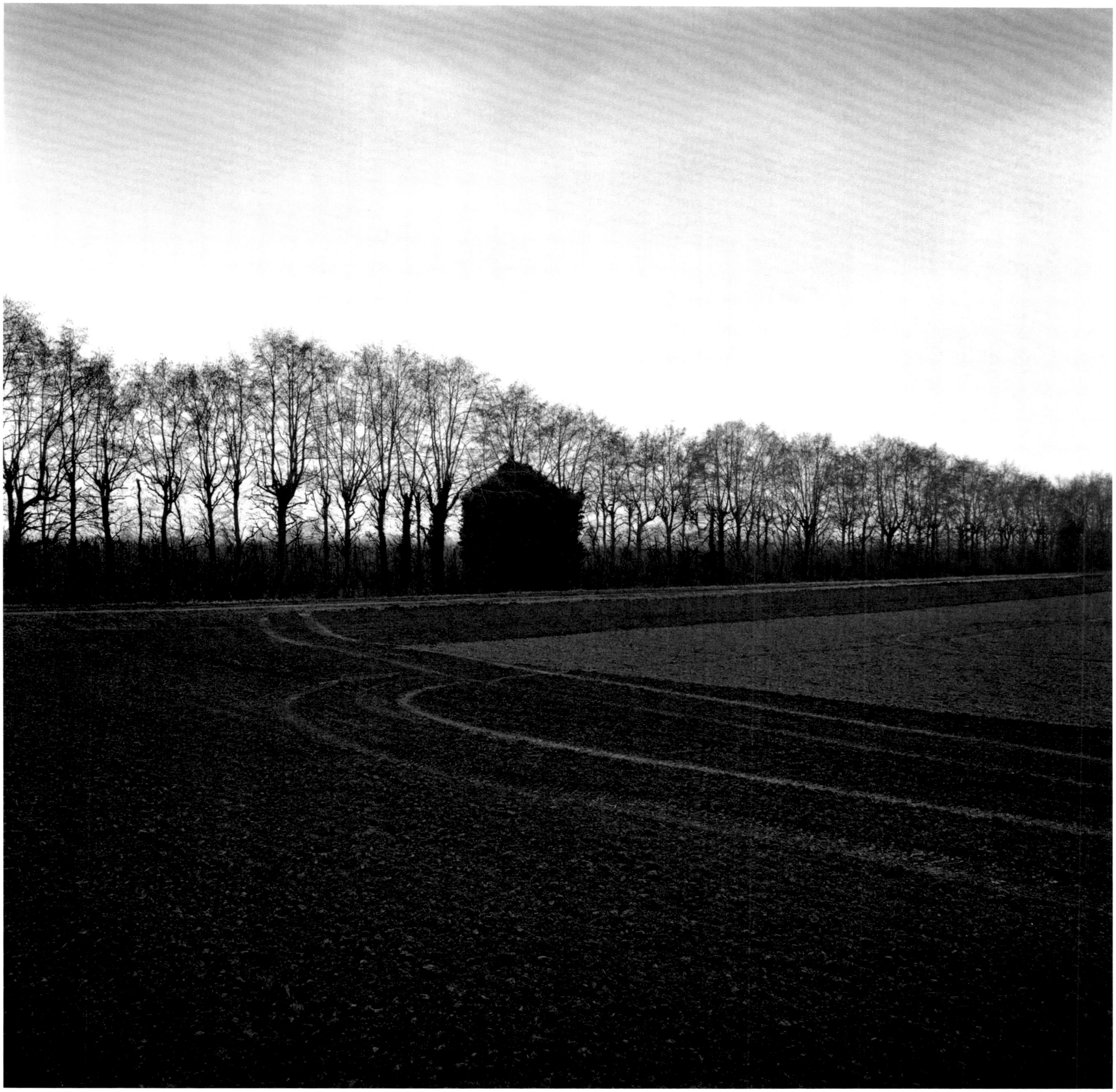

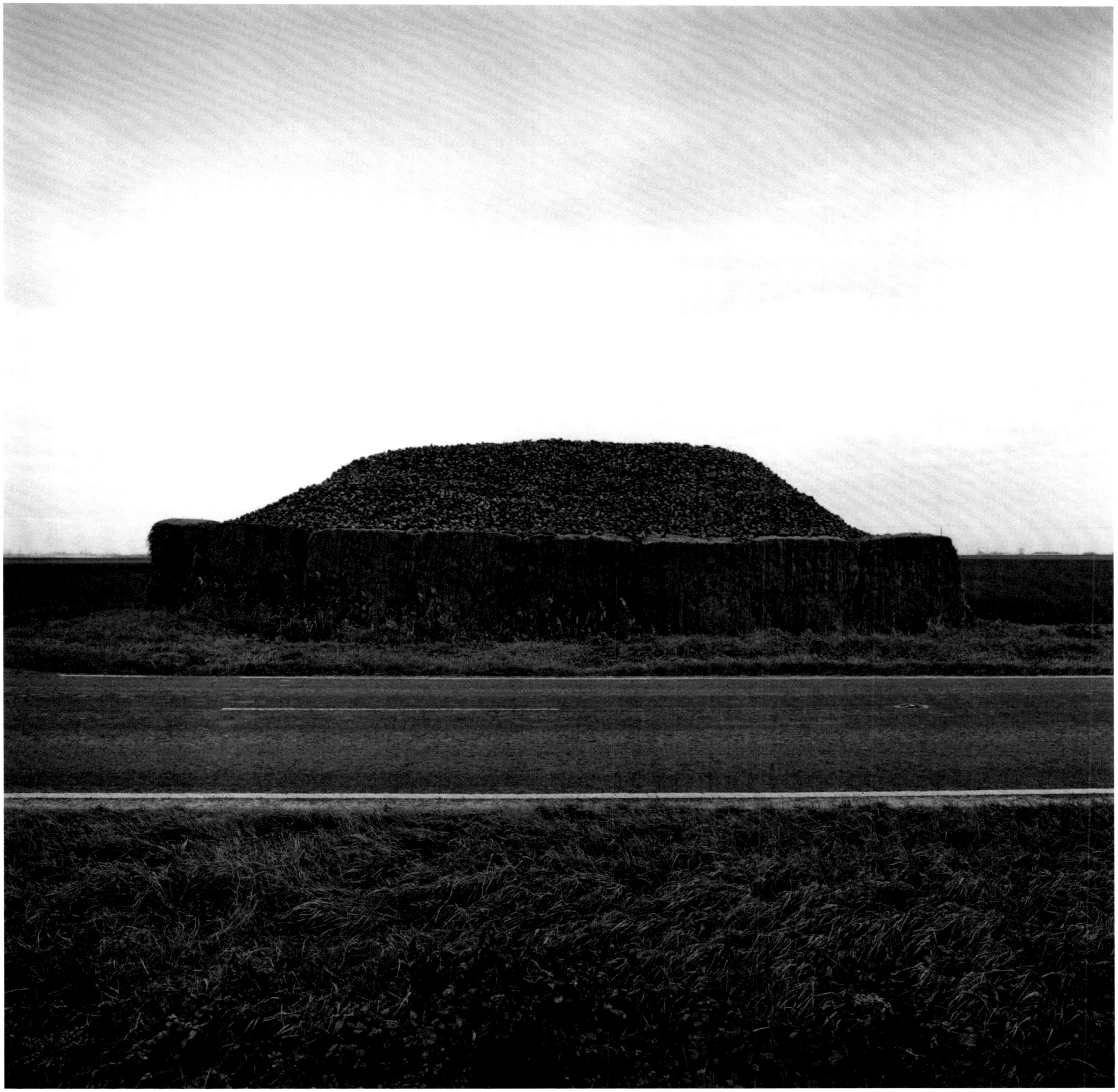

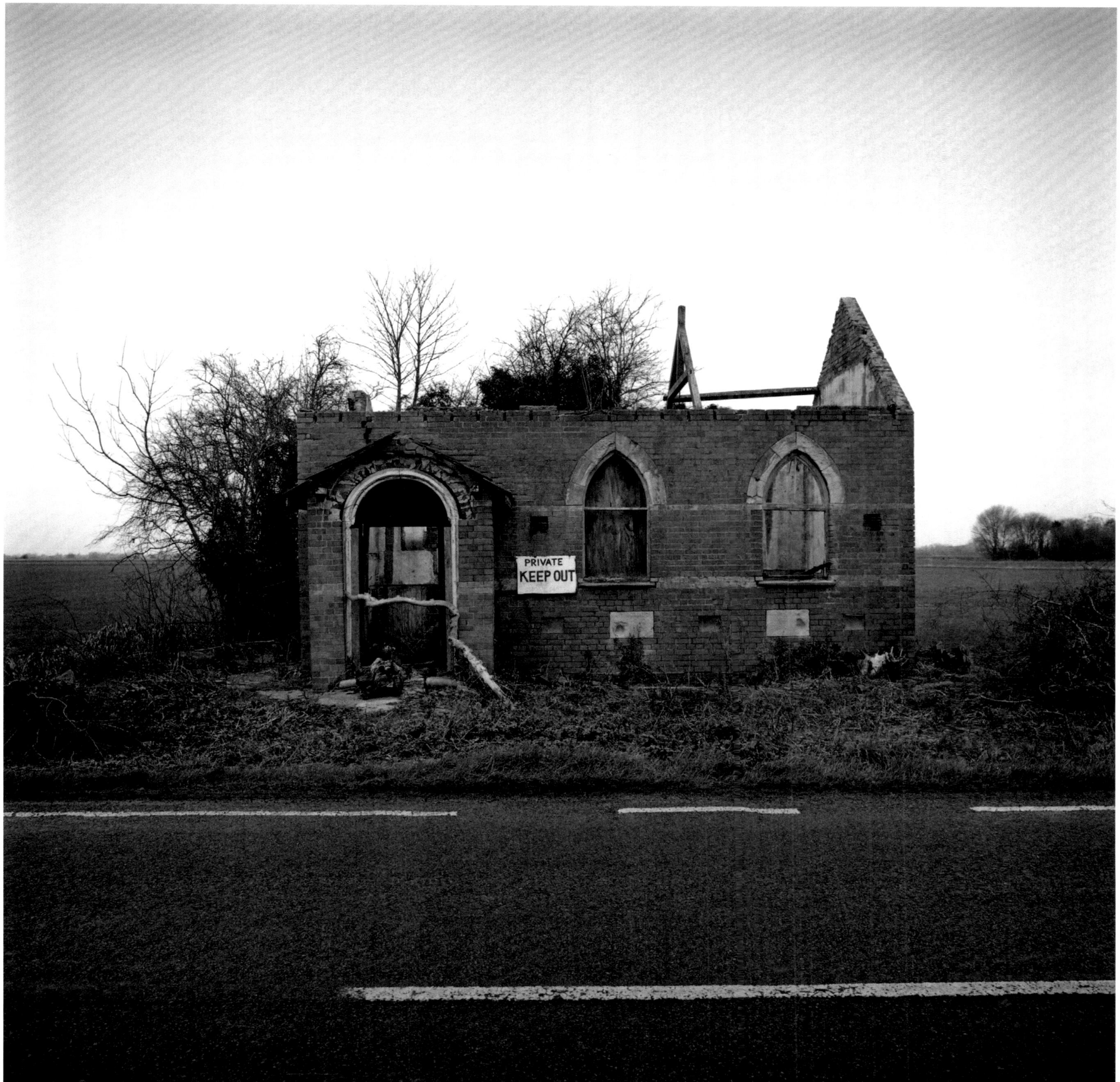
PRIVATE
KEEP OUT

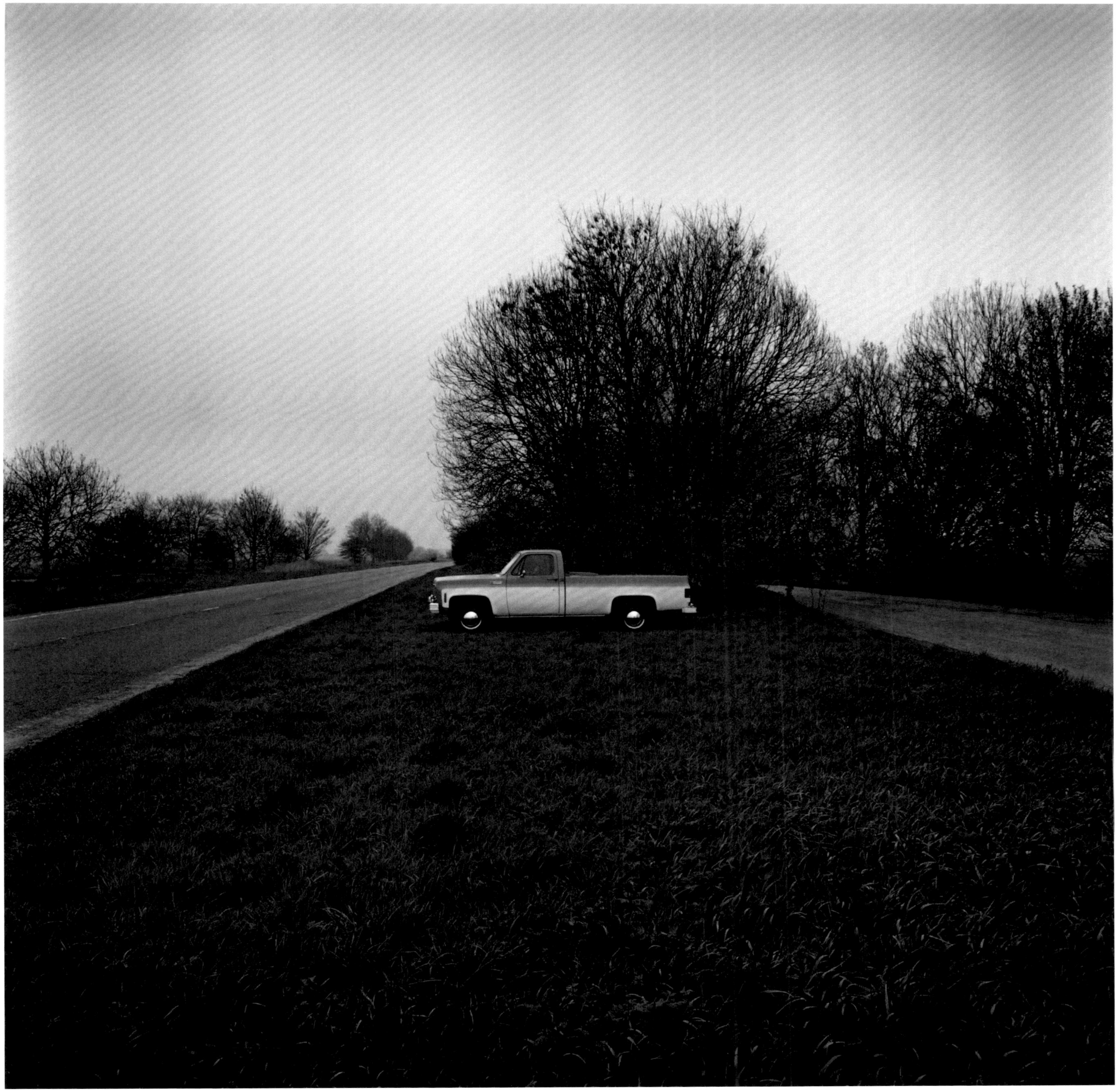

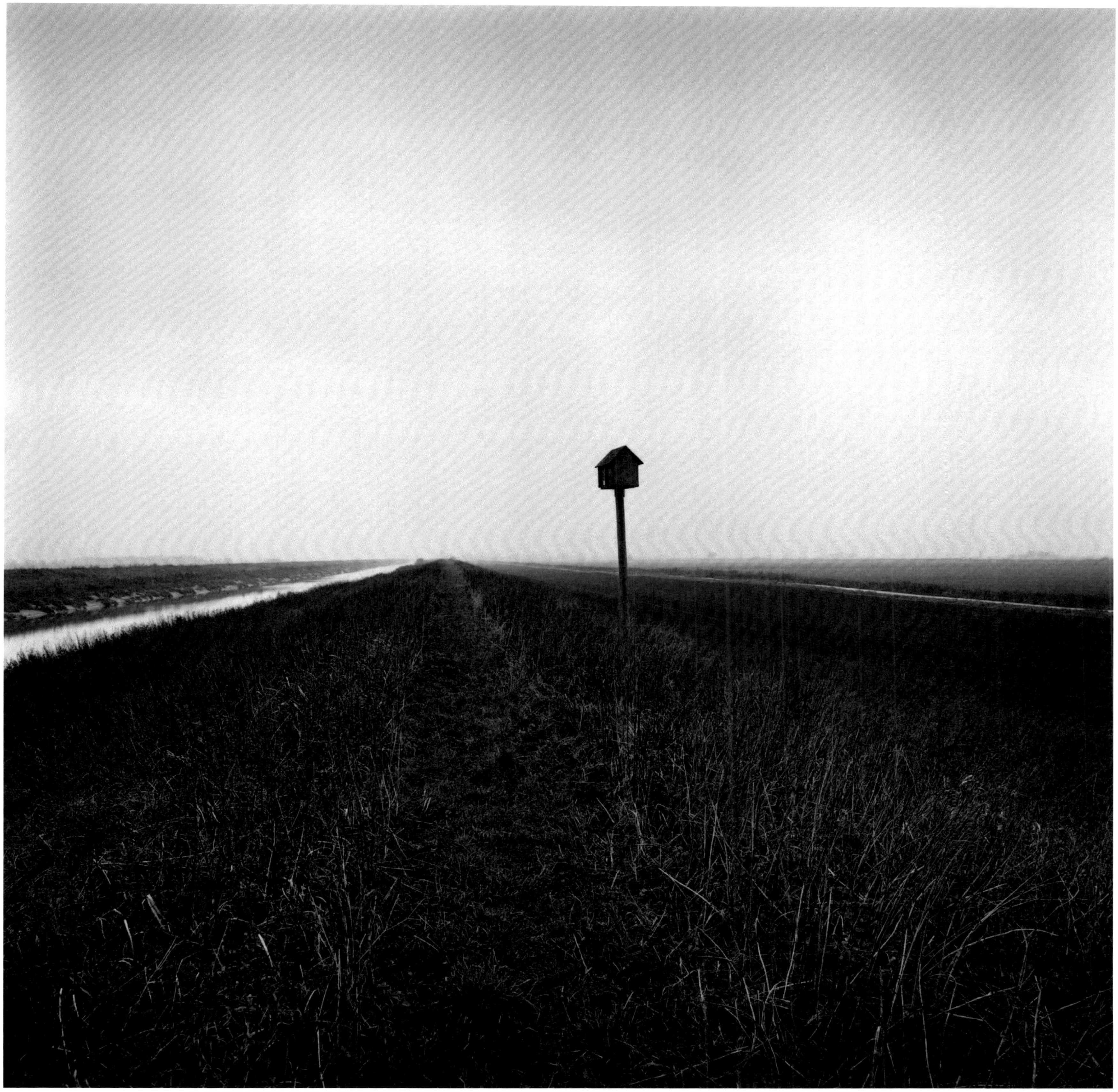

PAYSAGE DÉNATURÉ | ISABELLE BONNET

« Paysage : ce que l'œil embrasse du regard[1] ». Si un paysage est toujours un lieu, un lieu n'est pas systématiquement un paysage. Il ne le devient que lorsqu'un regard s'y arrête et s'y attarde, un regard qui le désigne, l'apprécie, le valorise et le magnifie. Un touriste, un photographe, un peintre qui l'étudie, le contemple, l'immortalise et le transforme, au bout du compte, en spectacle. Un regard souvent étranger. Car pour ceux qui y travaillent, un lieu, aussi enchanteur soit-il, n'est que l'espace d'une pratique. Ils le cultivent, le préservent ou l'agrémentent sans pour autant le voir comme un paysage. Le sociologue Raymond Williams affirmait qu' « une terre qu'on travaille n'est presque jamais un paysage[2] ». Il lui faut, pour que naisse un paysage, « un observateur conscient qui ne se contente pas de regarder mais qui a conscience de le faire comme une expérience en soi[3] ».

Le paysage ne va pas de soi : il n'a pas toujours existé, et son apparition est étroitement liée à la modernité du Quattrocento. Le Moyen-Âge avait jusqu'alors loué la primauté du toucher et de l'ouïe sur la vue, et limité le paysage à quelques arbres ou rochers schématiquement dessinés, dont la fonction était d'offrir un arrière-plan à des personnages bibliques. En bouleversant la hiérarchie des sens au profit de la vision et en inventant la perspective, le Quattrocento impose une nouvelle représentation de l'espace. Progressivement, les formes, les volumes et les couleurs de ce décor simplifié se précisent et si une stylisation demeure encore, un plus grand réalisme apparait. C'est au début du XVIe siècle, dans le *Paysage avec un pont*[4] du peintre et graveur Albrecht Altdorfer, qu'il surgit débarrassé de toute présence humaine et sujet principal du tableau. Son nouveau statut, le paysage le doit alors aux profondes mutations qui travaillent le XVIe siècle : la révolution copernicienne, qui met le soleil au centre de l'univers, s'accompagne d'un mouvement de sécularisation marqué par un fléchissement anthropocentriste : l'homme, doué de raison, s'installe progressivement au cœur d'un monde que la découverte de nouveaux continents agrandit et qu'il dompte en le cartographiant. Le paysage est tout à la fois maîtrisé et éprouvé. Un siècle plus tard, il se fixera définitivement en un genre autonome, dans les régions européennes les plus prospères : les Flandres, l'Allemagne et le nord de l'Italie. Mais ce paysage, qui devient visible dans la peinture, restera longtemps invisible dans le langage. Il faut attendre la fin du XVIe siècle pour que le mot « landscape », originaire du néerlandais *landschap*, pénètre dans la langue anglaise. Celle-ci ne retient pas son sens premier de « région » ou de « parcelle de terre », elle ne garde que sa définition picturale récente, d'« image représentant un paysage ou une terre ». « Landscape » ne désignera la vue d'un paysage réel qu'au milieu du XVIIe siècle. Une chronologie singulière qui illustre le lien fondamental entre le paysage et le regard.

L'apparition de la photographie coïncide, en Grande-Bretagne, avec un engouement pour le paysage national qui prend sa source au siècle précédent. Le XVIIIe siècle voit s'épanouir un art aristocratique typiquement anglais du jardin paysager, et un renouvellement pictural dont J.M.W. Turner et John Constable sont les initiateurs. Avec eux, la peinture anglaise s'affranchit des références antiquisantes des paysages de Claude Lorrain ou de Nicolas Poussin. Désormais, les peintres et aquarellistes puisent leur inspiration dans le paysage britannique, considéré « digne d'être peint », c'est-à-dire « pittoresque ». Un paysage rural plutôt qu'agreste, un paysage de la campagne, dont le concept naissant se construit par opposition à la ville industrielle du XIXe siècle. Comme l'explique l'historien David Haigron, « la pollution, la saleté, la criminalité et la ségrégation sociale rendaient les conditions de vie citadines épouvantables. On peut comprendre alors que le récit national ait choisi de célébrer les vertus d'une campagne éternelle et immuable, incarnation authentique de l'Angleterre/Grande-Bretagne[5] ». L'« idylle rurale » qui s'ensuit magnifie la vie pastorale, vante sa simplicité et ses supposées valeurs morales, son intemporalité et sa permanence et la dépeint comme un sanctuaire apolitique, un refuge où se nicherait l'âme du pays et la quintessence de l'identité britannique. Plus la population s'urbanise, plus la campagne se retrouve parée de vertus imaginaires. Créée et entretenue par la poésie, la littérature, la peinture et la photographie, cette image d'un Éden rural est encore relayée aujourd'hui par les médias modernes tels que la télévision. Selon l'historien de la géographie Brian Short, « la perception positive de la campagne est toujours forte parce qu'on continue d'associer cette construction symbolique à ce qui est essentiellement un idéal communautaire, un mythe pastoral et un regard esthétique ; c'est pourquoi l'idylle rurale bénéficie d'un statut excessif et illusoire dans la culture britannique[6]. »

Parce qu'elle permet de créer et de diffuser à grande échelle une vision du territoire, la photographie favorise son exploitation idéologique. Sa reproductibilité génère des représentations collectives, consolide une mémoire partagée, un récit national et un imaginaire identitaire. Les photographies de l'Ouest américain, réalisées à la fin du XIXe siècle, sont de ce point de vue exemplaires : le mythe d'une terre vierge, inhabitée et sauvage, qu'elles ont servi à bâtir et sur lequel s'est fondée l'identité américaine, a justifié la conquête et la colonisation. À la même époque mais dans un contexte différent, la photographie française accompagne et amplifie la conscience patrimoniale qui s'éveille et prend son essor tout au long du XIXe siècle. Entre commandes publiques et initiatives privées, les photographes réalisent un inventaire visuel des monuments historiques. Au-delà du sentiment national qu'il a suscité, ce recensement photographique a participé à la « rhétorique de puissance, de richesse et de légitimité[7] » de l'État français. Tandis que les Français magnifient « les triomphes présents ou les monuments ruinés, emblématiques du génie de l'homme et de son orgueil[8] », comme l'écrit Roger Fenton, la photographie britannique montre, quant à elle, « le village tranquille, l'église sans prétention, avec ses pierres tombales et ses arbres [...] le ruisseau tranquille avec ses nénuphars et son pont rustique, ou le lac immobile, si immobile que qu'on doit jeter une pierre à sa surface pour deviner lequel des deux villages sur la rive est le reflet de l'autre.[9] » Fenton mais aussi Brecknell Turner, Bedford ou le pictorialiste Peach Robinson, pour ne citer que les plus connus des photographes victoriens, reprennent à leur compte la conception picturale du paysage, nostalgique d'un âge d'or révolu, vidée de toute connotation utilitaire et de toute substance sociale : l'« idylle rurale » dominera pour longtemps la photographie de paysage britannique. Il faut attendre la deuxième moitié du XXe siècle pour qu'émerge un nouveau regard. Celui de Fay Godwin, par exemple, qui puise dans la tradition du sublime et offre des paysages solitaires, hors du temps, aux accents romantiques. Mais ce sont les paysages de Raymond Moore et de John Davies qui marquent définitivement la rupture avec la tradition héritée du XIXe siècle, chacun à leur manière : un paysage sombre et topographique chez Moore, social et historique chez Davies.

La photographie de Paul Hart s'inscrit dans cette nouvelle vision du paysage anglais. Ses images intègrent les dimensions sociales, historiques et politiques du paysage rural, dimensions longtemps ignorées dans un des pays les plus industrialisés et urbanisés du monde. Ici, apparait la dialectique de la nature et de la culture, de l'individuel et du collectif, du réel et du symbolique. Une dialectique revendiquée par Hart dans le choix même d'un sujet historiquement et politiquement emblématique, les Fens, ces terres marécageuses dénaturées au sens littéral, converties au fil des siècles en champs fertiles et rentables. Selon l'historien Eric Ash, « les projets de drainage ont toujours été une question politique. [...] récupérer les Fens nécessitait non seulement de les assécher, mais de civiliser aussi ses habitants de façon à préserver le bon fonctionnement du gouvernement et de l'économie de marché [...] La terre et les gens des Fens ont fini par être transformés, mais cette transformation a eu des effets écologiques pervers qui ont créé plus de problèmes qu'ils n'en ont résolu[10]. » Ainsi, photographier les Fens, c'est exposer une nature maîtrisée, ordonnée et raisonnée à l'excès, un paysage créé de toute pièce comme le serait un jardin, à la différence majeure qu'ici, l'appropriation humaine par le travail et la technique est partout ostensible. Les paysages de Hart font dialoguer l'art et le document, le lyrisme et la narration, le sublime et l'ordinaire. Partout ou presque, des formes rectilignes et régulières se développent, celles des sillons impeccables qui répondent aux rangées d'arbres, aux constructions industrielles et aux structures métalliques. Verticales, horizontales et diagonales se multiplient au fil des pages, perturbées de temps à autre par l'incongruité d'une courbe. Elles nous rappellent que les ambitions humaines de domination et d'exploitation de la nature et du vivant sont comblées, comme le rêvait Descartes qui souhaitait « nous rendre [...] maîtres et possesseurs de la nature[11] ». Ainsi divisés, quadrillés et géométrisés, les paysages semblent maintenus en cage. D'où l'impression d'immobilité, de quasi paralysie, qui s'en dégage. Aucun mouvement n'anime cette nature presque *morte*, aucun oiseau n'éveille ces ciels bas et lourds et ces horizons sans fin.

Une atmosphère figée et silencieuse, presque irréelle, servie et renforcée par le choix d'une palette monochrome. Mille tonalités de gris s'y déclinent, du plus sombre au plus nacré, autant de nuances mélancoliques qui traduisent la vision désenchantée de Hart. D'une netteté tantôt limpide, tantôt spectrale, ces images d'une beauté tragique invitent à la méditation, loin de celle que nourrissaient les Romantiques devant la nature indomptée et grandiose. Nous ne sommes pas face au sublime d'Edmund Burke et son « horreur délicieuse[12] ». Le sentiment de danger existe bien dans les paysages de Hart mais il ne déclenche pas « une sorte d'exaltation mélangée de terreur et de surprise[13] ». Ici, pas de saisissement ni d'émotion violente, plutôt une impression d'inquiétante étrangeté qui s'insinue, nous caresse et nous enveloppe. Aucune esthétique du choc, plutôt une esthétique de la catastrophe annoncée ou déjà accomplie : le vide, l'absence et la perte, qui traversent et relient en filigrane toutes les photographies de Hart, évoquent l'imaginaire eschatologique contemporain. L'espace rural ou urbain, désert et dépeuplé sert en effet de pivot autour duquel s'articule le langage visuel des récits post-apocalyptiques actuels. Devenu un motif récurrent et emblématique de ce type de récits, il a pour fonction d' « illustrer la peur d'un avenir dystopique[14] » et nous incite, selon l'historienne Dora Appel, « à nous demander si le système capitaliste représente le progrès durable ou la voie du déclin[15]». Choisir pour thème des terres défigurées par un productivisme outrancier, les traduire en paysages d'une beauté crépusculaire pour mieux souligner leur ordonnance tragique et leur dépouillement austère, comme le fait Hart, relève d'un questionnement critique et politique similaire.

À l'inverse des photographies de paysage qui, longtemps, ont servi à incarner le corps collectif et historique de la nation, celles de Hart prennent une valeur universelle : les Fens malmenées et épuisées résonnent comme une métaphore subtile de ce que l'humanité engendre et s'inflige. La noirceur délicate de ses images fait voler en éclat la croyance sereine d'un monde en progrès, héritage d'un siècle des Lumières qui, dans son élan optimiste, a oublié les effets mortifères de la cupidité. Des paysages dont la puissance pathétique et sans issue nous fascine, comme le miroir tendu de notre aliénation, illustration parfaite de ce que rappelait le philosophe Slavoj Žižek au tournant du millénaire : « le paradoxe dans cela, est qu'il est beaucoup plus facile d'imaginer la fin de la vie sur terre, qu'un changement beaucoup plus modeste dans le capitalisme[16]».

1 Paul Vidal de La Blache, cité dans Gilles Sautter, 'Le paysage comme connivence', *Hérodote: stratégies, géographies, idéologies*, n° 16 (October–December 1979): 42.2.
2 Raymond Williams, *The Country and The City* (Oxford: Oxford University Press, 1973), 120.
3 Ibid.
4 Peint vers 1518–20, National Gallery, Londres.
5 David Haigron, *The English Countryside: Representations, Identities, Mutations*, ed. Haigron (Basingstoke: Palgrave Macmillan, 2017), 12.
6 Brian Short, 'Idyllic Ruralities', dans *Handbook of Rural Studies*, ed. Paul Cloke, Terry Marsden et Patrick Mooney (Londres: Sage Publications, 2006), 144.
7 Nathalie Casemajor Loustau, Michèle Gellereau, 'Dispositifs de transmission et valorisation du patrimoine: l'exemple de la photographie comme médiation et objet de mediation', Proceedings of the international colloquium on information and communication sciences 'Interagir et transmettre, informer et communiquer: quelles valeurs, quelle valorisation?', Tunisia, 2008, 3–11.
8 Roger Fenton, 'On the Present Position and Future Prospects of the Art of Photography', Fifth Ordinary Meeting of the Society of Arts, 22 Décembre 1852, *Journal of the Society of Arts* 1, no. 5 (Décembre 1852): 51.
9 Ibid.
10 Eric H. Ash, *The Draining of the Fens: Projectors, Popular Politics, and State Building in Early Modern England* (Baltimore: Johns Hopkins University Press, 2017), 309–10.
11 René Descartes, *Discourse on the Method of Rightly Conducting the Reason and Seeking the Truth in the Sciences* [1637], Part VI, dans *The Harvard Classics*, ed. Charles W. Eliot, vol. 34 (New York: P. F. Collier and Son, 1910), 50.
12 Edmund Burke, *A Philosophical Enquiry into the Origin of Our Ideas of the Sublime and Beautiful*, 8th edition, (Londres: J. Dodsley, 1776), 129.
13 Burke, *A Philosophical Enquiry*, 50.
14 Dora Apel, *Beautiful Terrible Ruins: Detroit and the Anxiety of Decline* (New Brunswick: Rutgers University Press, 2015), 152.
15 Ibid
16 Cité dans Adrien Donneaud, 'Rêves d'apocalypse : place et fonction des récits eschatologiques dans le cinéma contemporain', *Études sur la mort*, vol. 139, no. 1, 2011.

ACKNOWLEDGEMENTS

Thanks to Dewi and Caroline for their longstanding support and commitment.

Deepest gratitude to Isabelle Bonnet for her universal understanding and passionate appreciation of these pictures.

Special thanks to Amanda Game and Lotte Attwood for their unbridled enthusiasm for this work.

Continued thanks to Steven Collier Brown and Francis Hodgson, and to everyone who has supported my work throughout the series.

And many thanks to ILFORD PHOTO.

Paul Hart
February 2020

First published in the UK in 2020 by
Dewi Lewis Publishing
8, Broomfield Road
Heaton Moor, Stockport SK4 4ND
www.dewilewis.com

ISBN 978-1-911306-63-4

Original book concept: Paul Hart
Artwork production: Dewi Lewis Publishing
Translation: Patrick Kremer

Printed in Italy by EBS, Verona

RECLAIMED is the third book in a three part series on the Fenlands in the UK.
The reproductions in this book are from direct scans of original silver gelatin prints made by Paul Hart.